D1252731

Ingrid Mwangi

Your Own Soul   Ingrid Mwangi

herausgegeben von / edited by Berthold Schmitt
und / and Bernd Schulz
mit Beiträgen von / with contributions by
Horst Gerhard Haberl, Jan Hoet und / and Ann Demeester,
Gislind Nabakowski, Bernd Schulz und / and Lisa Puyplat

Inhalt // Contents

Der Präsentation ihrer Arbeiten anlässlich des 9. Marler Video-Kunst-Preises im Jahr 2001 gab Ingrid Mwangi den Titel *My Heart of Darkness*. Dies war natürlich eine ironische Anspielung auf das Buch von Joseph Conrad (Herz der Finsternis), das eine traumatische Erfahrung beschreibt: die Reise auf einem Fluss ins Herz Afrikas auf der Suche nach dem Kolonialisten Kurtz, der zwischen Faszination und Schrecken dem Wahnsinn verfallen ist. Das Buch trifft auch heute noch die verdrängte Wahrheit der Beziehung zwischen Europa und Afrika, einer Beziehung, die von Ausbeutung und Unterwerfung geprägt ist. Heute scheint Afrika für das politische Weltgeschehen fast vergessen zu sein. Das Land, für Anthropologen die „Wiege der Menschheit", ist zum großen Teil wie zur Zeit des Kolonialismus Despoten ausgeliefert und in Bürgerkriegen versunken.

Es ist für uns Europäer schwer zu erkennen, wie sehr das Erbe des Kolonialismus den Blick auf Afrika immer noch beeinflusst. Noch schwerer ist es sich vorzustellen, wie ein Mensch die Welt und sein eigenes Selbst sieht, wenn er, wie Ingrid Mwangi, biografische Wurzeln in beiden Kontinenten hat. Sie nennt sich selbst einen Bindestrich-Menschen, und meint damit nicht nur ihre persönliche Erfahrung, in Afrika als Weiße und in Europa als Schwarze zu gelten, sondern sie zählt sich damit auch selbstbewusst zur wachsenden Zahl derer, die zwischen den Kulturen eine neue Identität ausbilden müssen, eine Identität, die die tief verwurzelten Verhaltensmuster und Einstellungen der jeweiligen Kollektive überwindet. Die Bindestrich-Menschen im Sinne Ingrid Mwangis sind ständig gezwungen, sich mit Vorurteilen und Fremdheitserfahrungen auseinander zu setzen. Künstler entwickeln dabei besondere Formen, in denen sich persönliche und kollektive Erfahrungen ausdrücken. Ingrid Mwangi hat, wie Horst Gerhard Haberl in seinem Beitrag zu diesem Buch erläutert, eine wahrneh-

Vorwort / Bernd Schulz und Lisa Puyplat // Foreword / Bernd Schulz and Lisa Puyplat

Ingrid Mwangi gave the title *My Heart of Darkness* to the presentation of her works on the occasion of the 9th Marl Video Art Prize in 2001. This was of course an ironic allusion to Joseph Conrad's novel "The Heart of Darkness", which describes a traumatic experience: a journey on a river into the heart of Africa in search of the colonialist Kurtz, who has fallen prey to the fascination and horror of insanity. Even today, the book captures the suppressed truth of the relationship between Europe and Africa, a relationship shaped by exploitation and subjugation. Today, Africa seems almost forgotten in the world's political affairs. This continent, which anthropologists regard as the "cradle of mankind", is still mostly in the clutches of despots and in the grip of civil wars – just as it was in colonialism.

For us Europeans, it is hard to realize the degree to which the legacy of colonialism still influences our view of Africa. It is even more difficult to imagine how a person views the world and herself, when she, like Ingrid Mwangi, has biographical roots in both continents. When she calls herself a hyphenated person, she means more than her personal experience of being regarded as a white in Africa and a black in Europe; she is also one of the growing number of people who must self-confidently shape a new identity between the cultures, an identity that overcomes deeply-rooted patterns of behavior and attitudes of the two respective collectives. Hyphenated persons in Ingrid Mwangi's sense are constantly forced to deal with prejudices and experiences of alienation. Artists thereby develop particular forms in which they express their personal and collective experiences. As Horst Gerhard Haberl elucidates in his contribution to this book, Ingrid Mwangi has developed a perceptual-strategic method of "opening up a 'third' realm of experi-

mungsstrategische Methode entwickelt, „dem Dualismus des Verdeckens und Entdeckens einen ‚dritten' Erfahrungs-(spiel)raum dazwischen zu öffnen, indem sie Subjekt und Objekt alternierend als ihr Alter Ego sowohl live als auch virtuell in Er-Scheinung treten lässt".[1] Ingrid Mwangi kann dabei auf eine traditionelle Auffassung von Wissen in ihrer „Teilheimat" zurückgreifen, in der Wissen den gesamten Körper mit einbezieht (eine Erkenntnis, die in Psychologie und Medizin bei uns erst in jüngerer Zeit Raum gewinnt). Dass die Künstlerin die Virtualität und Flüchtigkeit des elektronischen Mediums einsetzt, um die eigene Körperlichkeit zu erforschen und ins Bild zu setzen, macht den besonderen Reiz ihrer Arbeiten aus. Was die Jury des Marler Video-Kunst-Preises zu Ingrid Mwangis preisgekrönter Arbeit *Neger* bemerkte, gilt für ihr gesamtes bisheriges Werk. „Es entsteht ein vitales, witziges und lustvolles Wechselspiel aus äußeren Formen und inneren Entwürfen, was den

üblichen (auch wohlmeinenden) Klischees eine selbstbewusste Person entgegenstellt. Die entdeckte eigene, individuelle Identität entlarvt die vielfältigen Ver- und Entfremdungen als bloße Projektionen."[2]

Dieses Buch dokumentiert raumgreifende Installationen, Performances und eine Fotoarbeit und damit die bisher wichtigsten Stationen einer Reise zum eigenen Selbst. In ihrer jüngsten, eigens für diese Ausstellung entwickelten Arbeit *Your Own Soul* führt Ingrid Mwangi – nicht zuletzt unter Einsatz ihrer außergewöhnlichen Stimme – vor, welche Energie sich aus der Überwindung innerer und äußerer Grenzen gewinnen lässt.

1 Vgl. Horst Gerhard Haberls Beitrag zu diesem Katalogbuch, S. 35f.
2 Karl-Heinz Brosthaus, Ingrid Mwangi. Preisträgerin des 9. Marler Video-Kunst-Preises, Videokatalog *My Heart of Darkness*, Marl 2001, S. 6.

ence as a wedge in the concealment / discovery dualism by having subject and object appear alternately as her alter ego, live as well as virtually".[1] Here, Ingrid Mwangi can take recourse to a traditional view of knowledge in her "partial homeland", in which knowledge takes account of the whole body (a recognition that Western psychology and medicine have recently been gaining). The special appeal of the artist's works is that she uses the virtuality and ephemerality of the electronic medium to explore and present her own corporeality. What the jury of the Marl Video Art Prize said about Ingrid Mwangi's prizewinning work *Neger* is true for all her work so far: "A vital, humorous, and pleasurable interplay develops between external forms and internal designs, one that allows a self-confident person to oppose the usual (and also the well-meaning) clichés. The individual identity thus discovered exposes all the diverse alienations as mere projections."[2]

This book documents spatially expansive installations, performances, and a photo artwork, and thus the most important stages so far on a journey to her self. In her most recent work, *Your Own Soul*, developed for this exhibition, Ingrid Mwangi displays, not least by using her unusual voice, the energy that can be won by overcoming internal and external boundaries.

1 Cf. Horst Gerhard Haberl's contribution to this catalog, p. 35.
2 Karl-Heinz Brosthaus, Ingrid Mwangi. Preisträgerin des 9. Marler Video-Kunst-Preises, video catalog *My Heart of Darkness*, Marl, 2001, p. 6.

Die Video- und Soundinstallation *Neger – Don't Call Me* besteht aus einer großen Projektion, auf der ich mit meinen Dreadlocks zu sehen bin, die über meinem Gesicht drapiert, geflochten und zu ‚Masken' geformt sind. Der visuelle Effekt dieser Haar-Maskierungen, die mich z. B. bedrohlich und tierähnlich erscheinen lassen oder den Eindruck erwecken, einer anderen, einer so genannten ethnischen Gruppe anzugehören, wird unterstützt durch vokale Laute wie Knurren und Gesang. Der Projektion gegenüber stehen vier Stühle. Darin sind Lautsprecher eingebaut, aus denen meine Stimme zu hören ist. Satzfragmente erzählen von meinen Erfahrungen, als ich aus Kenia nach Deutschland kam; die erste Konfrontation mit stereotypen Klischees aufgrund meines ‚exotischen' und ‚andersartigen' Aussehens. Mit dem Wort ‚Neger', in dem die Geschichte des Rassismus nachklingt, betone ich das mich beschleichende ungute Gefühl, wenn ich mit Diskriminierung und Ignoranz konfrontiert werde.

Mit dieser Arbeit möchte ich auf den ständigen Dialog zwischen Individuum und Gesellschaft hinweisen und Bezug nehmen auf das noch immer vorhandene Problem der Beurteilung und Kategorisierung aufgrund von Hautfarbe. Ich halte es für notwendig, auf die Geschichte zurückzublicken, während ich mich auf die Suche nach meiner eigenen Authentizität und Individualität begebe.

Deswegen: „Nenne mich nicht NEGER!"

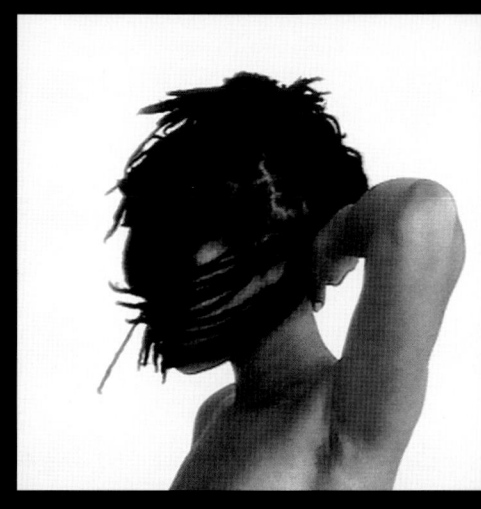

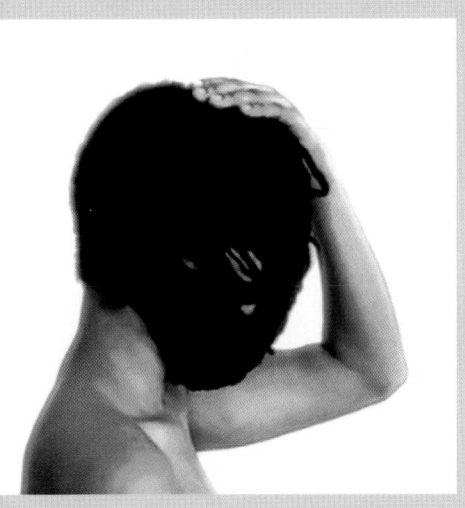

The video and sound installation *Neger – Don't Call Me* is composed of a large video projection on which I am to be seen 'wearing' various masks made out of my dread-locked hair that has been draped, styled and braided over my face. The visual effect of the masks, e. g. making me appear threatening and animal-like or seeming to be from different so-called ethnic groups, is supported by vocal sounds such as chanting and growling. Four chairs are placed facing the projection. Through built-in loudspeakers my voice is to be heard out of the chairs; fragmented sentences of how, having left Kenya and come to live in Germany, I was confronted with stereo-type clichés and the fact of being considered exotic and 'different' because of my looks. Using the example of the German word 'Neger' (in English 'Negro'), a word in which the history of racist ideology still echoes, I explain the feeling of wrongness I sensed when faced with the use of discriminating words or ignorant action.

With this piece I wish to show the constant dialogue which occurs between self and society, in this case especially dealing with the continuing problem of being judged and categorised due to skin-colour. I feel the need to look back on history while searching for my own authenticity and individuality. That is why: "Don't call me NEGRO!"

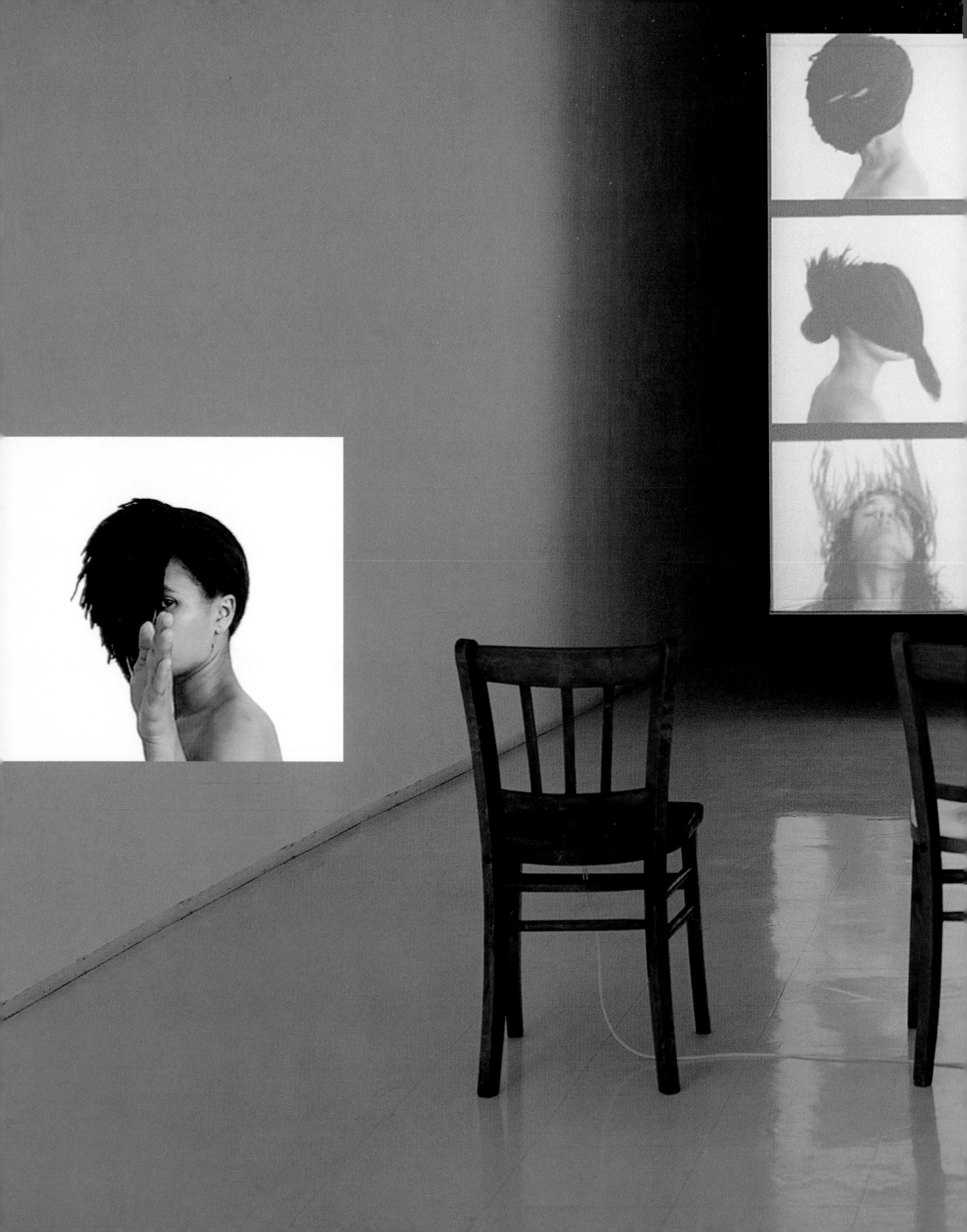

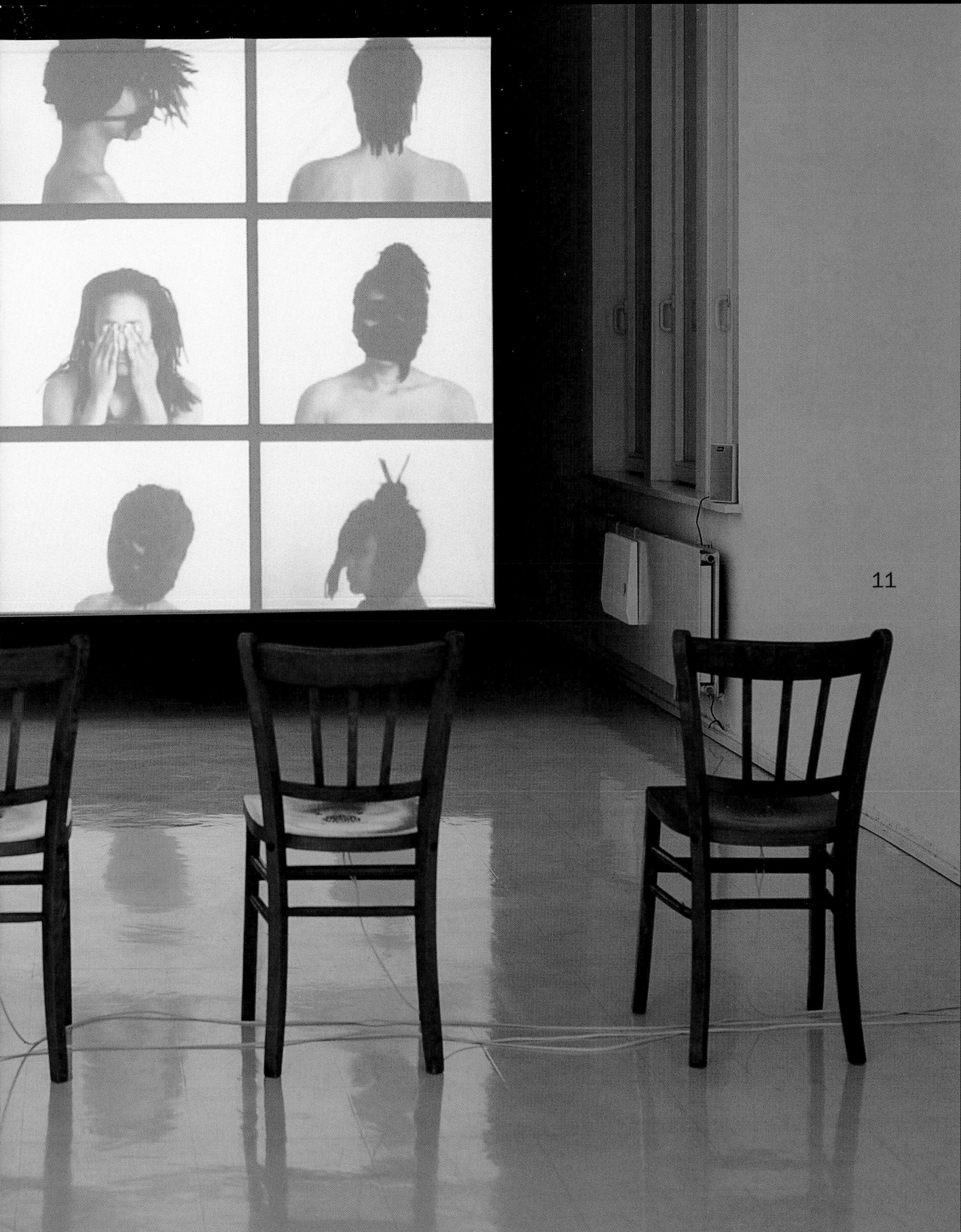

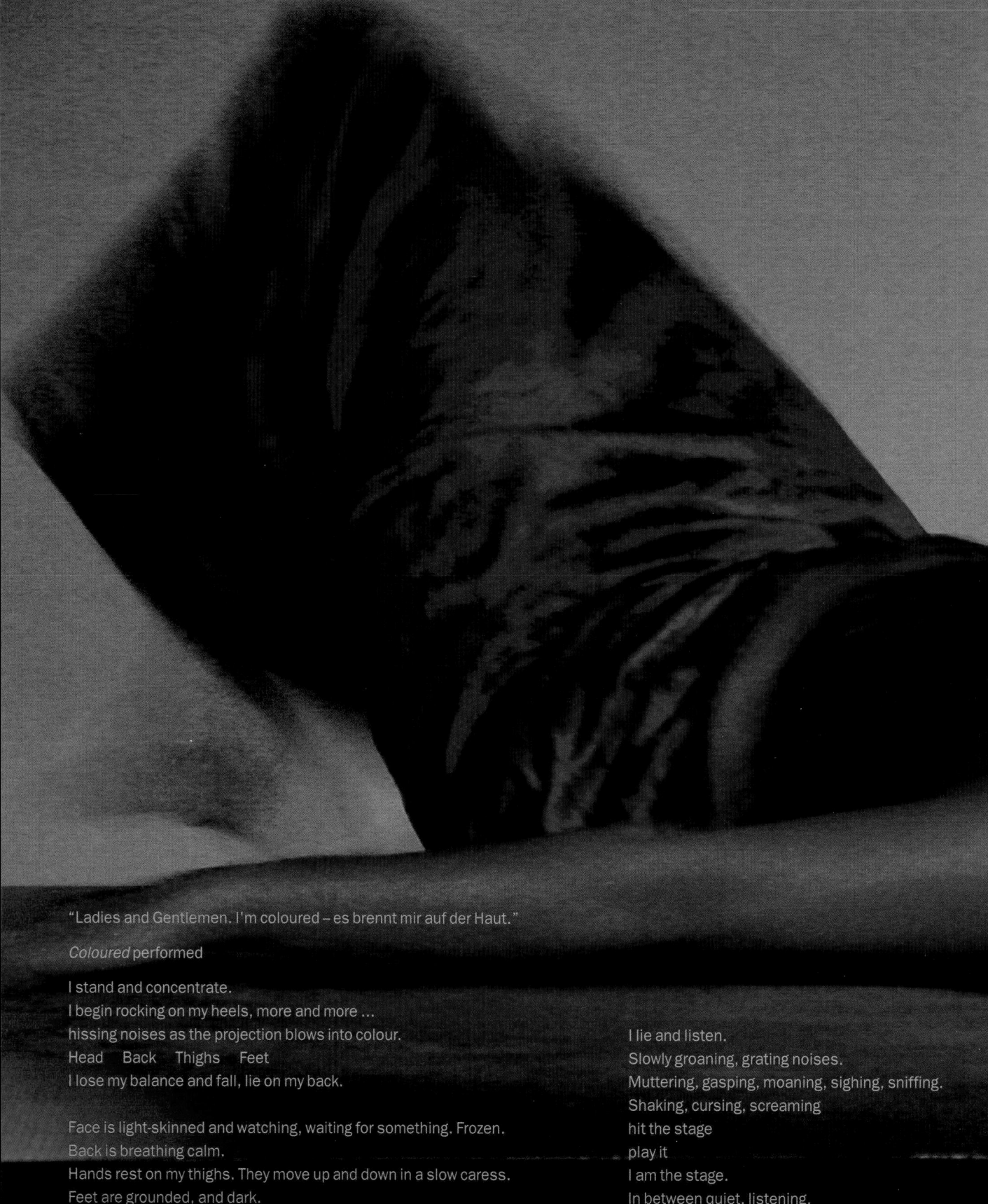

"Ladies and Gentlemen. I'm coloured – es brennt mir auf der Haut."

Coloured performed

I stand and concentrate.
I begin rocking on my heels, more and more ...
hissing noises as the projection blows into colour.
Head   Back   Thighs   Feet
I lose my balance and fall, lie on my back.

Face is light-skinned and watching, waiting for something. Frozen.
Back is breathing calm.
Hands rest on my thighs. They move up and down in a slow caress.
Feet are grounded, and dark.

I lie and listen.
Slowly groaning, grating noises.
Muttering, gasping, moaning, sighing, sniffing.
Shaking, cursing, screaming
hit the stage
play it
I am the stage.
In between quiet, listening.

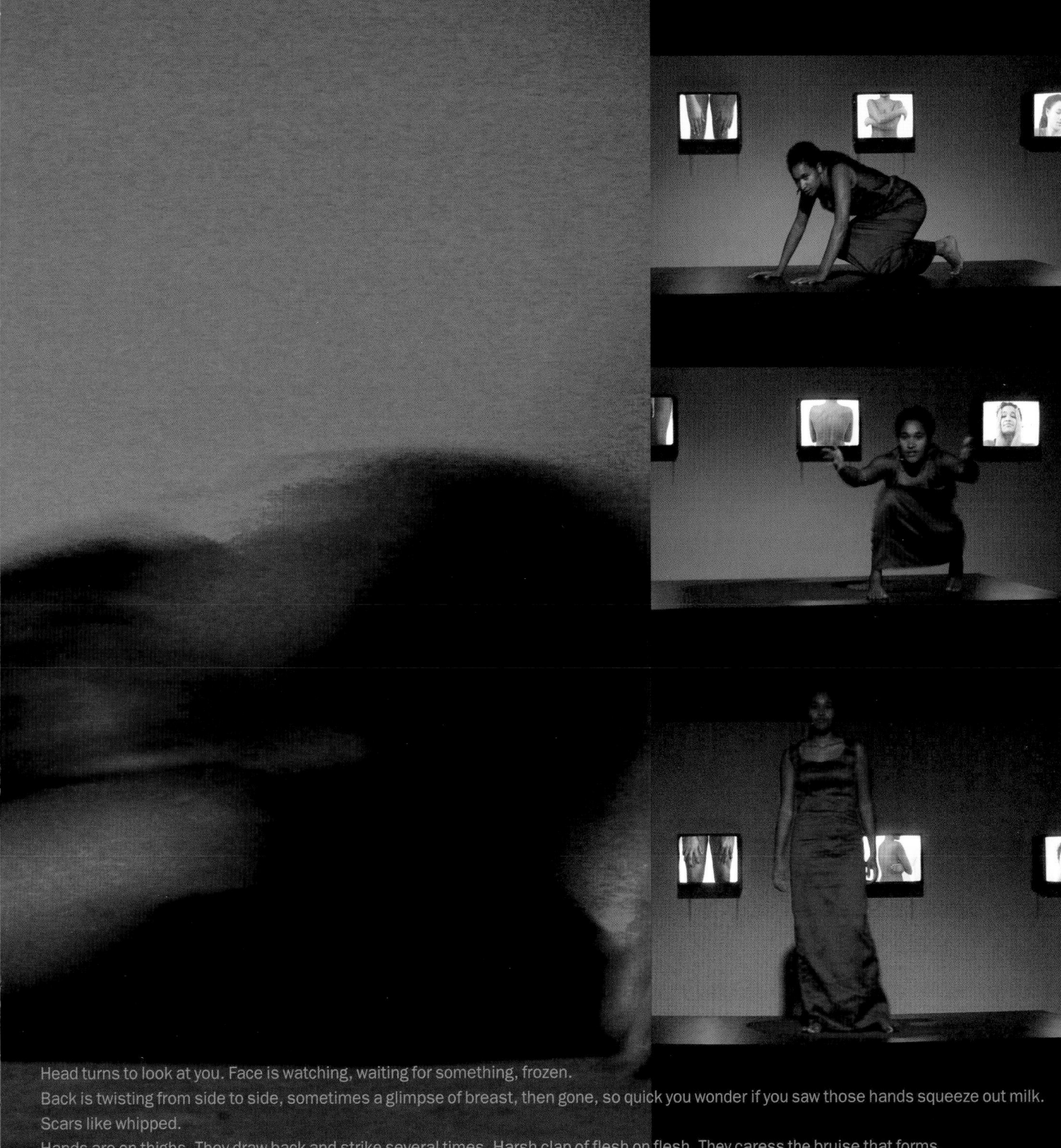

Head turns to look at you. Face is watching, waiting for something, frozen.

Back is twisting from side to side, sometimes a glimpse of breast, then gone, so quick you wonder if you saw those hands squeeze out milk.

Scars like whipped.

Hands are on thighs. They draw back and strike several times. Harsh clap of flesh on flesh. They caress the bruise that forms.

Feet hovering like hanged. My hands around my ankles, pushed to the earth, bury them with soil. Ground them.

Then, videos move, quietly fall, dropping into bright light, fading into dark.

I slowly rise.

And stop.

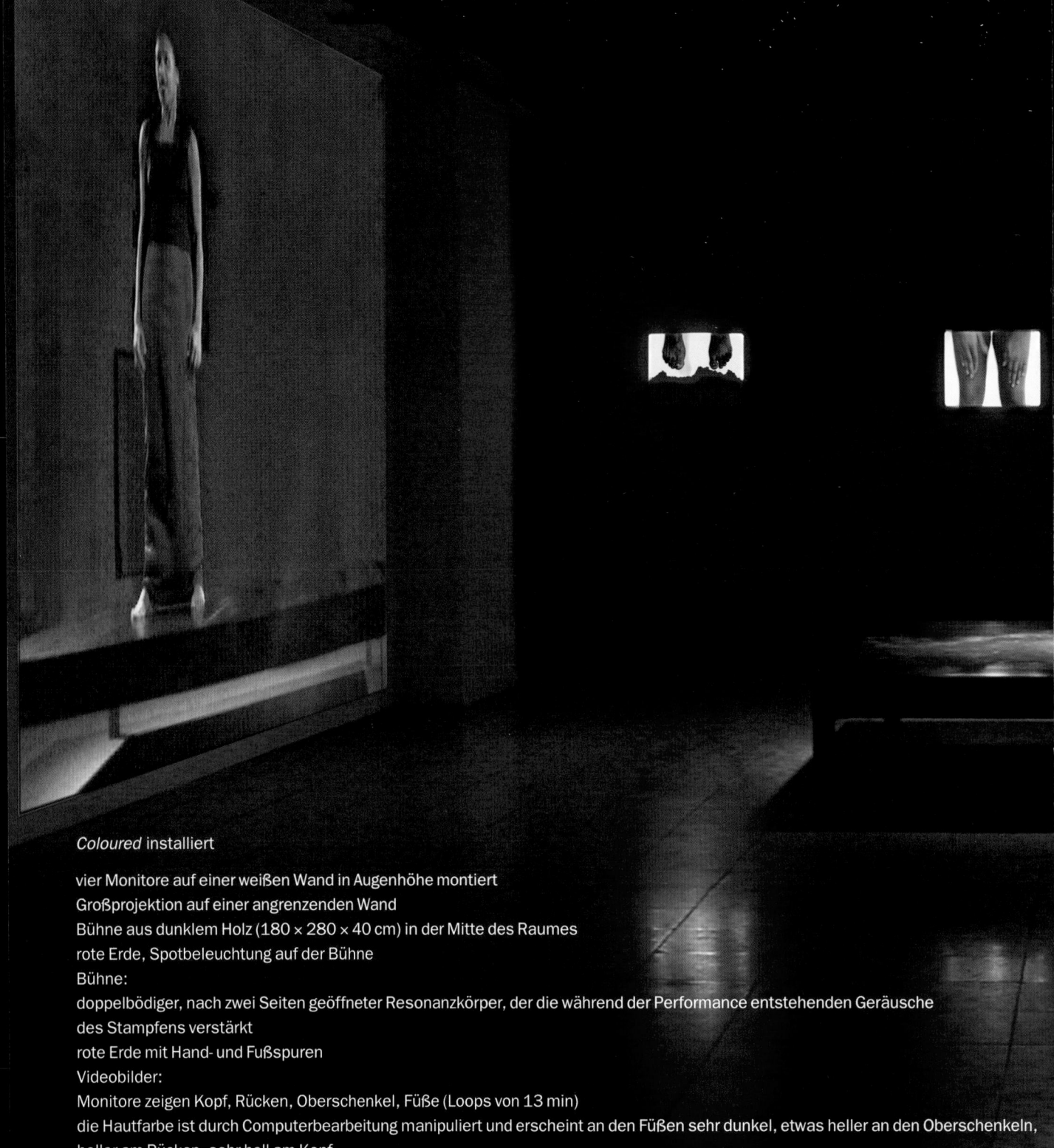

Coloured installiert

vier Monitore auf einer weißen Wand in Augenhöhe montiert
Großprojektion auf einer angrenzenden Wand
Bühne aus dunklem Holz (180 × 280 × 40 cm) in der Mitte des Raumes
rote Erde, Spotbeleuchtung auf der Bühne
Bühne:
doppelbödiger, nach zwei Seiten geöffneter Resonanzkörper, der die während der Performance entstehenden Geräusche
des Stampfens verstärkt
rote Erde mit Hand- und Fußspuren
Videobilder:
Monitore zeigen Kopf, Rücken, Oberschenkel, Füße (Loops von 13 min)
die Hautfarbe ist durch Computerbearbeitung manipuliert und erscheint an den Füßen sehr dunkel, etwas heller an den Oberschenkeln,
heller am Rücken, sehr hell am Kopf
Videoprojektion zeigt Mitschnitte der Performance *Coloured* (Loop von 15 min), einer Stimm- und Bewegungsimprovisation auf einer Bühn
Sound:
Stimme der Performance in der Projektion, Klang von zwei Monitoren – das Klatschen von Händen und ein peitschendes Geräusch

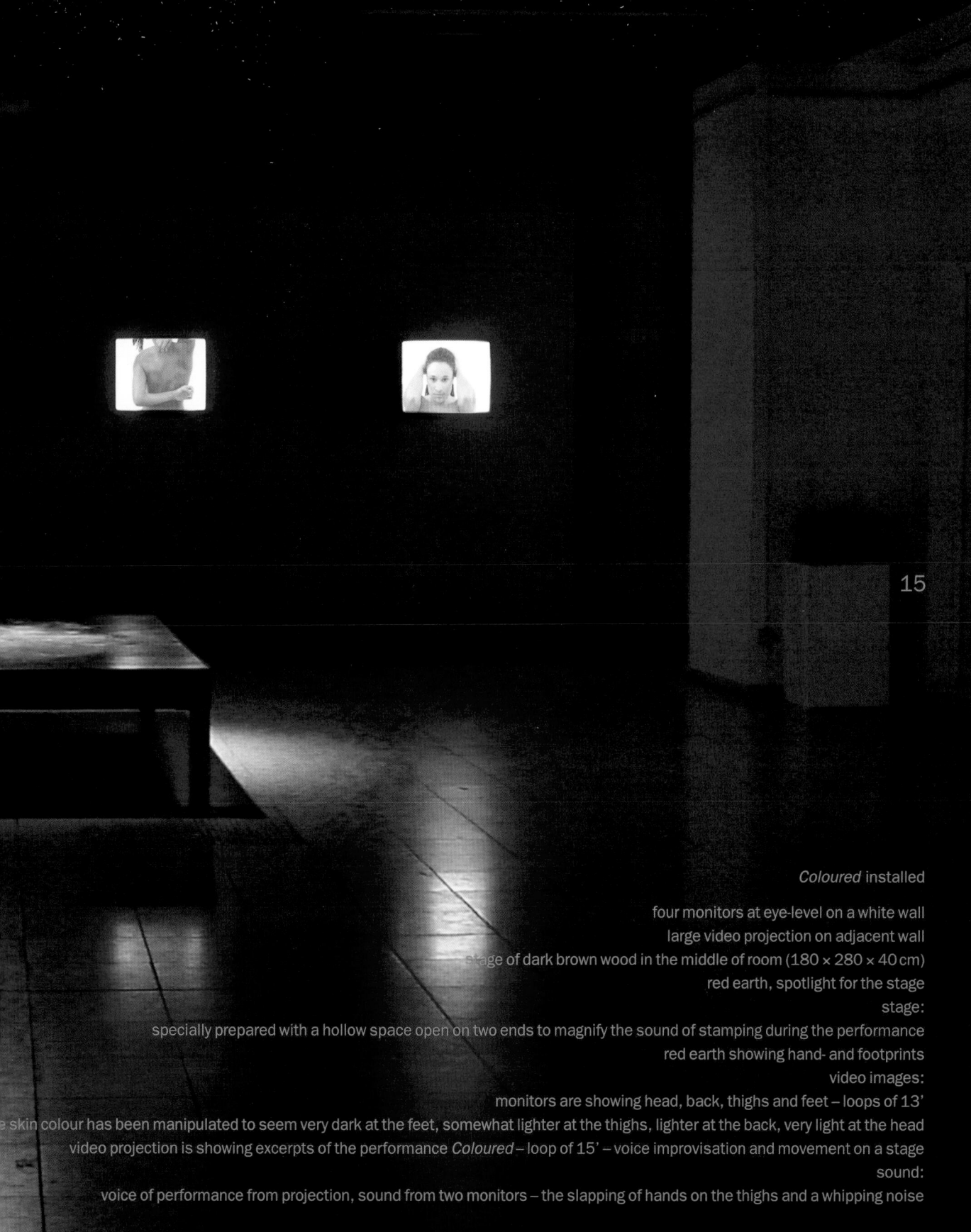

Coloured installed

four monitors at eye-level on a white wall
large video projection on adjacent wall
stage of dark brown wood in the middle of room (180 × 280 × 40 cm)
red earth, spotlight for the stage
stage:
specially prepared with a hollow space open on two ends to magnify the sound of stamping during the performance
red earth showing hand- and footprints
video images:
monitors are showing head, back, thighs and feet – loops of 13'
skin colour has been manipulated to seem very dark at the feet, somewhat lighter at the thighs, lighter at the back, very light at the head
video projection is showing excerpts of the performance *Coloured* – loop of 15' – voice improvisation and movement on a stage
sound:
voice of performance from projection, sound from two monitors – the slapping of hands on the thighs and a whipping noise

There is blood, blood and blood that has been poured down the river. The river was full of blood. Is full of blood. There have been babies born and blood poured down the river. And blood and more blood of those poured. And it has not stopped. There is more blood. They have shared love and made love at that river where their blood was poured. Is still poured. Down the river. That they never owned but filled with their blood which others poured, poured down the river. And it has not stopped. And they have not stopped making love but they do not love. Because their children have been sent down the river. Because their blood and blood and blood has been poured. Has been poured down the river.

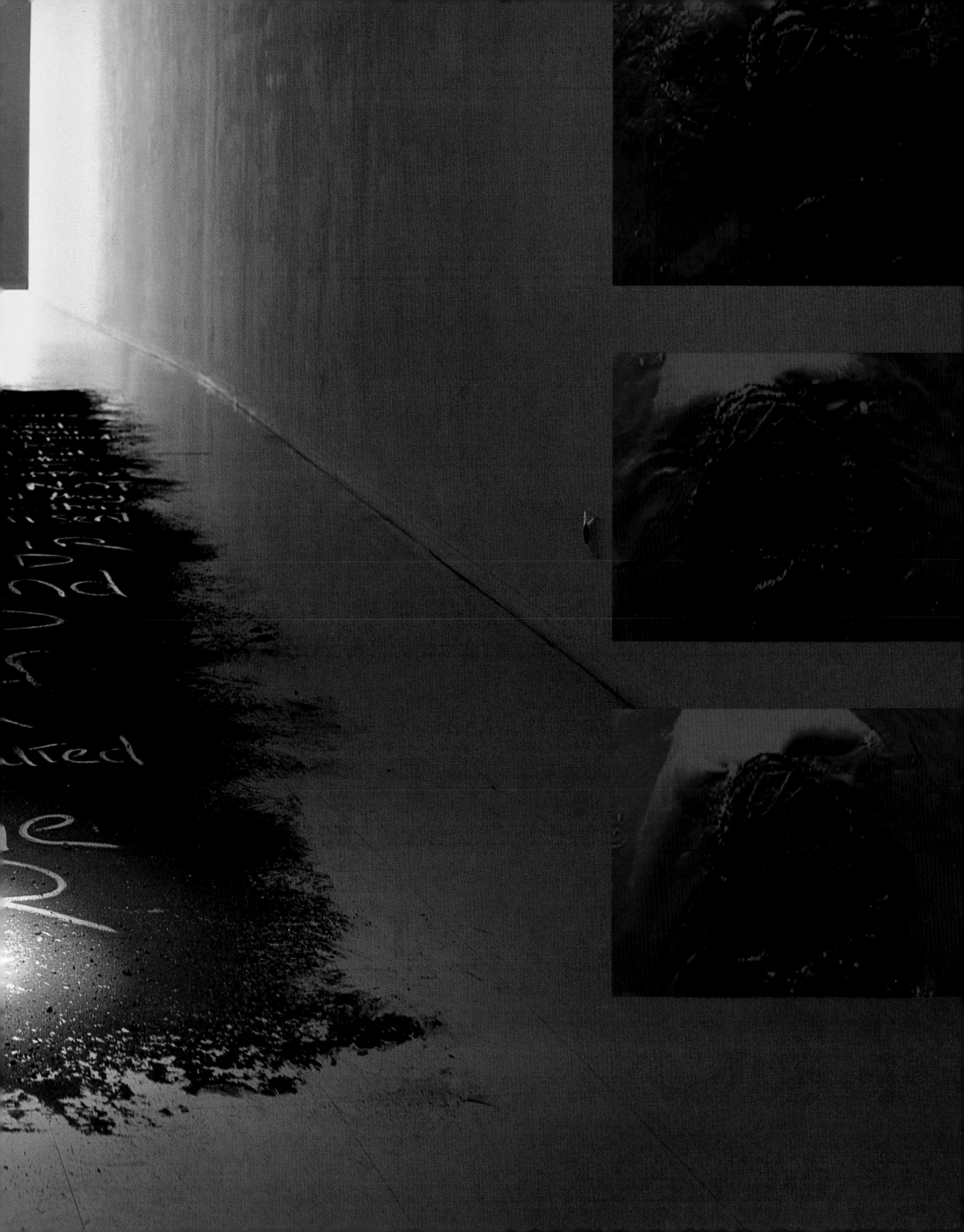

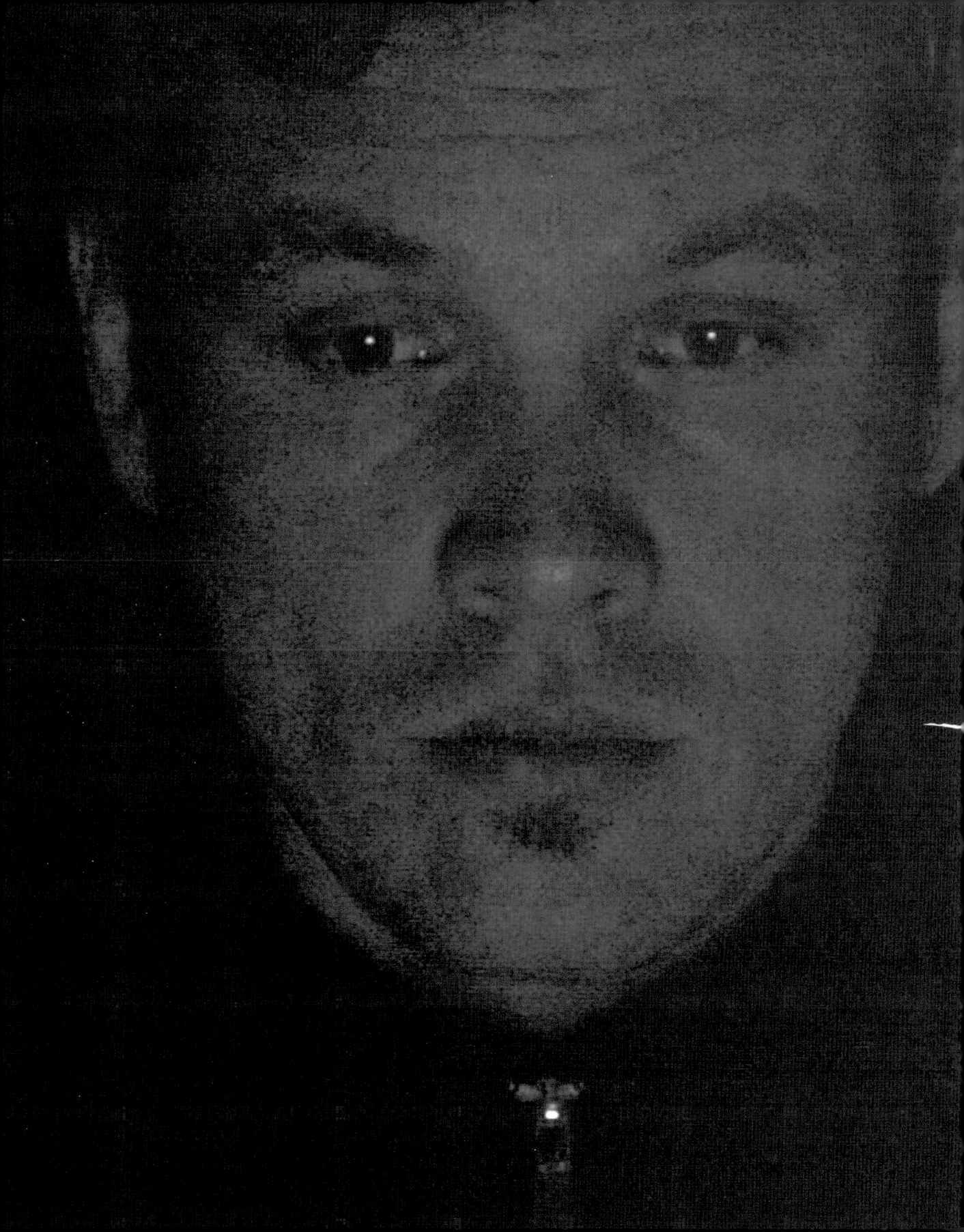

Sechs Personen wurden nacheinander gebeten, sich in einen dunklen Raum vor einen Fernseher zu setzen und sich ein von mir vorbereitetes Video anzuschauen. Es zeigte Gewaltbilder und Ausschnitte aus den Medien, die über Gewalt in verschiedenen Formen berichten und erzählen. Die Gesichter der Personen wurden während des Zuschauens mit der Videokamera aufgenommen. Die einzige Lichtquelle war das Flackern des Fernsehers.

Diese Aufnahmen bilden die Grundlage für die Video- und Soundinstallation *To Be in the World*. Auf 1,80 m hohen Monitorstelen erscheinen die Gesichter. Die Stelen bestehen jeweils aus zwei Flacheisen, die von einem Motor bewegt werden, sodass sie zusammen mit ihren ‚Monitorköpfen' den Eindruck von stehenden, wippenden Menschen erwecken. Ihre Augen scheinen auf eine Bodenprojektion inmitten des Raumes gerichtet zu sein. Darin fließt ein verschwommener Text, der sich in manchen Momenten zu erkennbaren Wörtern verdichtet. Es sind immer wiederkehrende Fragen. In den Raumecken sind Surroundlautsprecher montiert. Verfremdete Gewaltgeräusche, Schreie, Schüsse, Stimmfetzen und Musikfragmente kreisen akustisch im Raum. Diese allgegenwärtige Geräuschkulisse verweist auf die Abwesenheit der Bilder, aus denen die Geräusche hervorgegangen sind.

Was fühlt das Individuum angesichts einer Situation, die ihm unerträglich erscheint, aber an der er glaubt nichts ändern zu können? Er steht starr an einem Punkt und kann sich nicht wegdrehen oder weggehen. Er befindet sich mittendrin, als „Mitwisser und Konsument einer ununterbrochenen Gewaltagitation und Gewaltinformation" (Peter Sloterdijk). Ich wollte einen Raum erschaffen, in dem Menschen Zeit haben nachzudenken über die Gewalt in der Welt und über die Gefühle, die sie angesichts dieser Gewalt bewegen.

Six people were asked to sit in front of a television in a dark room and watch a video tape that I had prepared. It showed images of violence and excerpts from the media that documented and spoke of violence in different forms. While watching, the peoples' faces were filmed with a video camera. The only source of light was the flickering of the television set.

These recordings are the basis for the video and sound installation *To Be in the World*. The faces appear on monitor steles, 1.80 meters in height. They are made out of two flat steel bands that are moved by a motor so that, together with their 'monitor heads', they give the impression of people that are standing and swaying from side to side. The faces seem to be staring down at the ground, where there is a projection in the middle of the space. On it one sees hazy words flowing over the floor, at times intensifying to become identifiable as repeated questions. Surround loudspeakers are installed in the corners of the space. One can hear distant noises of violence, screaming, the noise of shooting, voices and fragments of music circulating around the space. The ubiquitous noise in the background makes one even more aware of the absence of the actual images from which the sounds came.

What does an individual feel when faced with a situation that seems unbearable to him, but which he believes he cannot change? He is fixed in one place and is unable to turn away or leave. He finds himself in the middle of it, as an "accessory and consumer of an uninterrupted agitation and information of violence" (Peter Sloterdijk). I wanted to create a space in which people have time to reflect about the violence in the world and their feelings towards it.

19

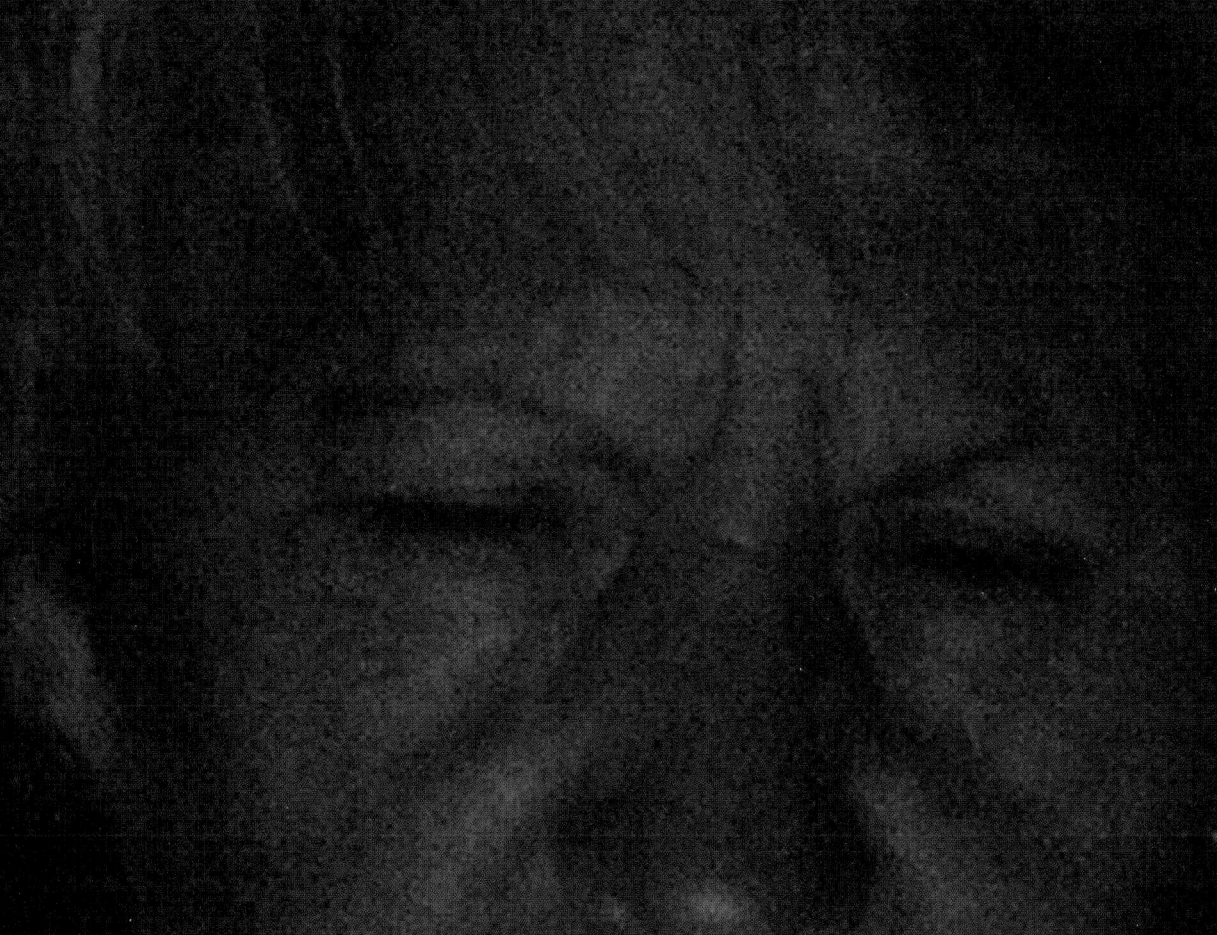

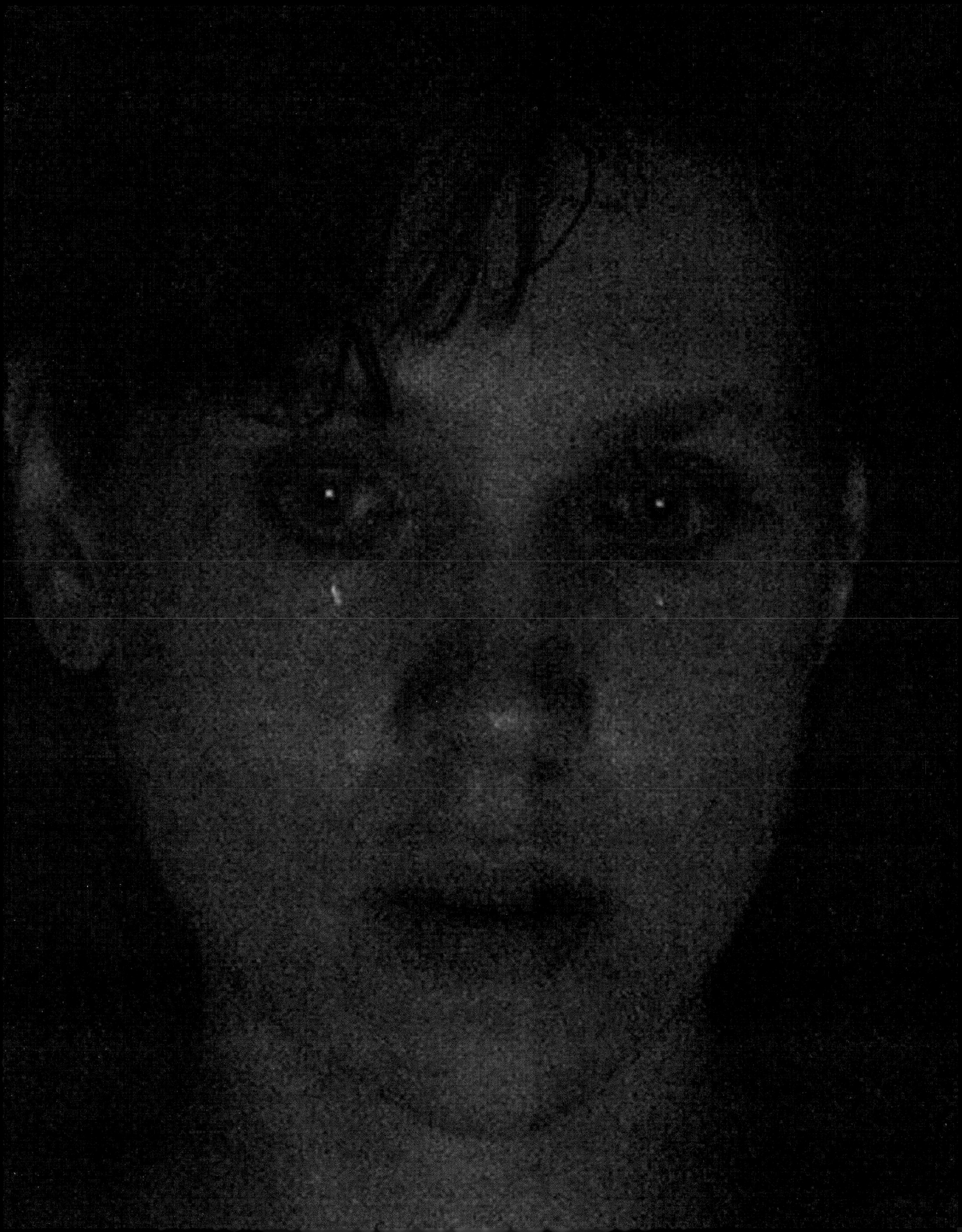

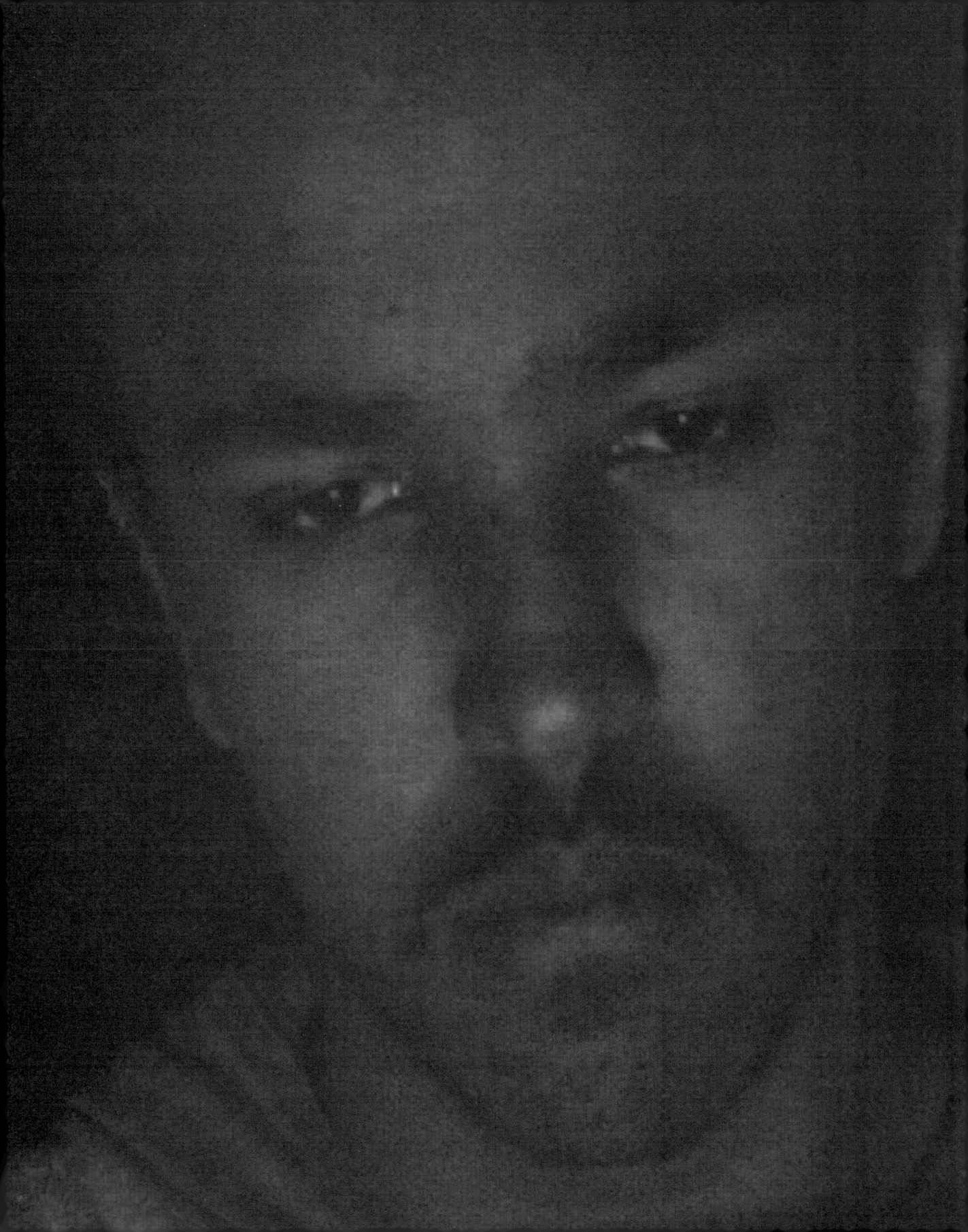

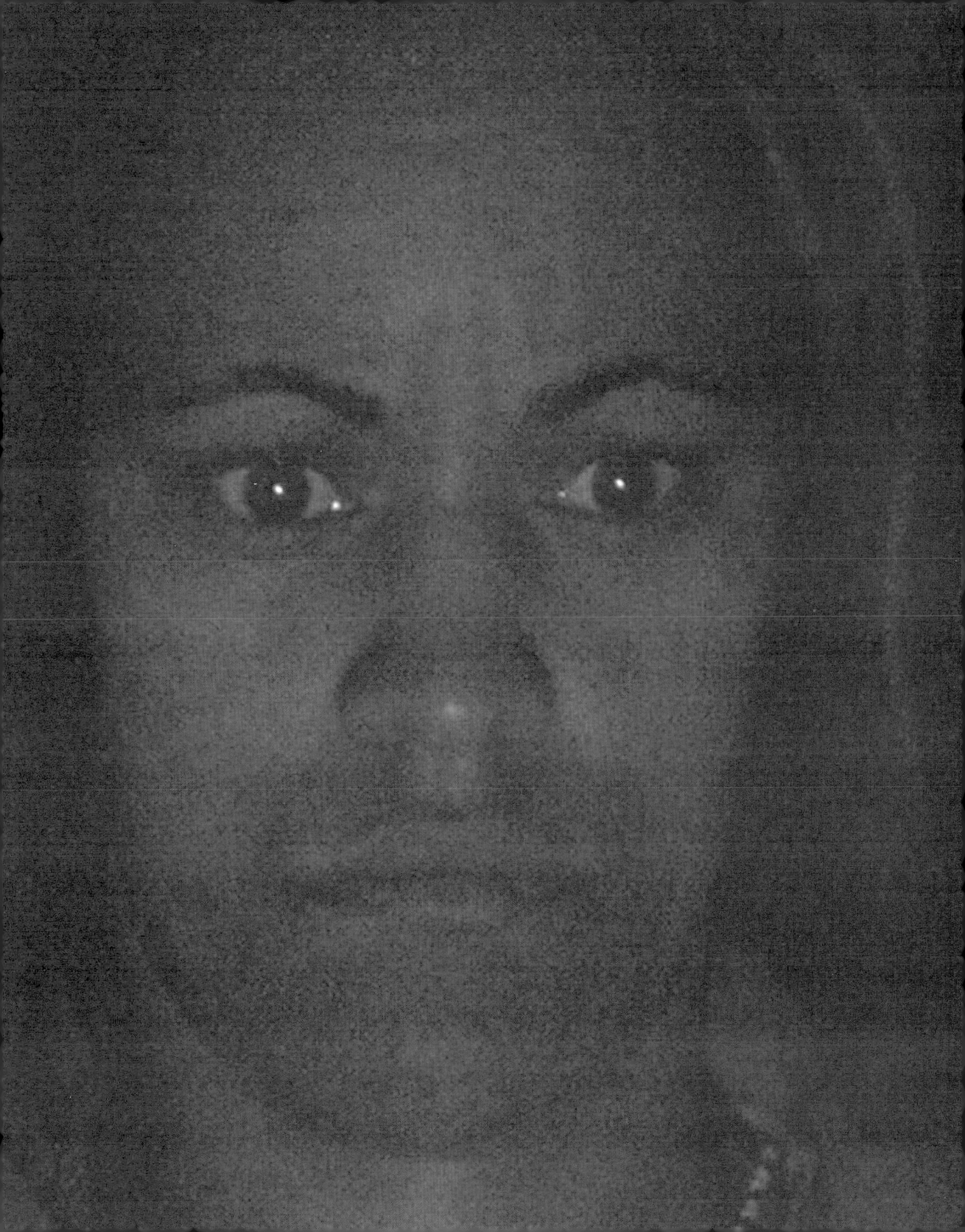

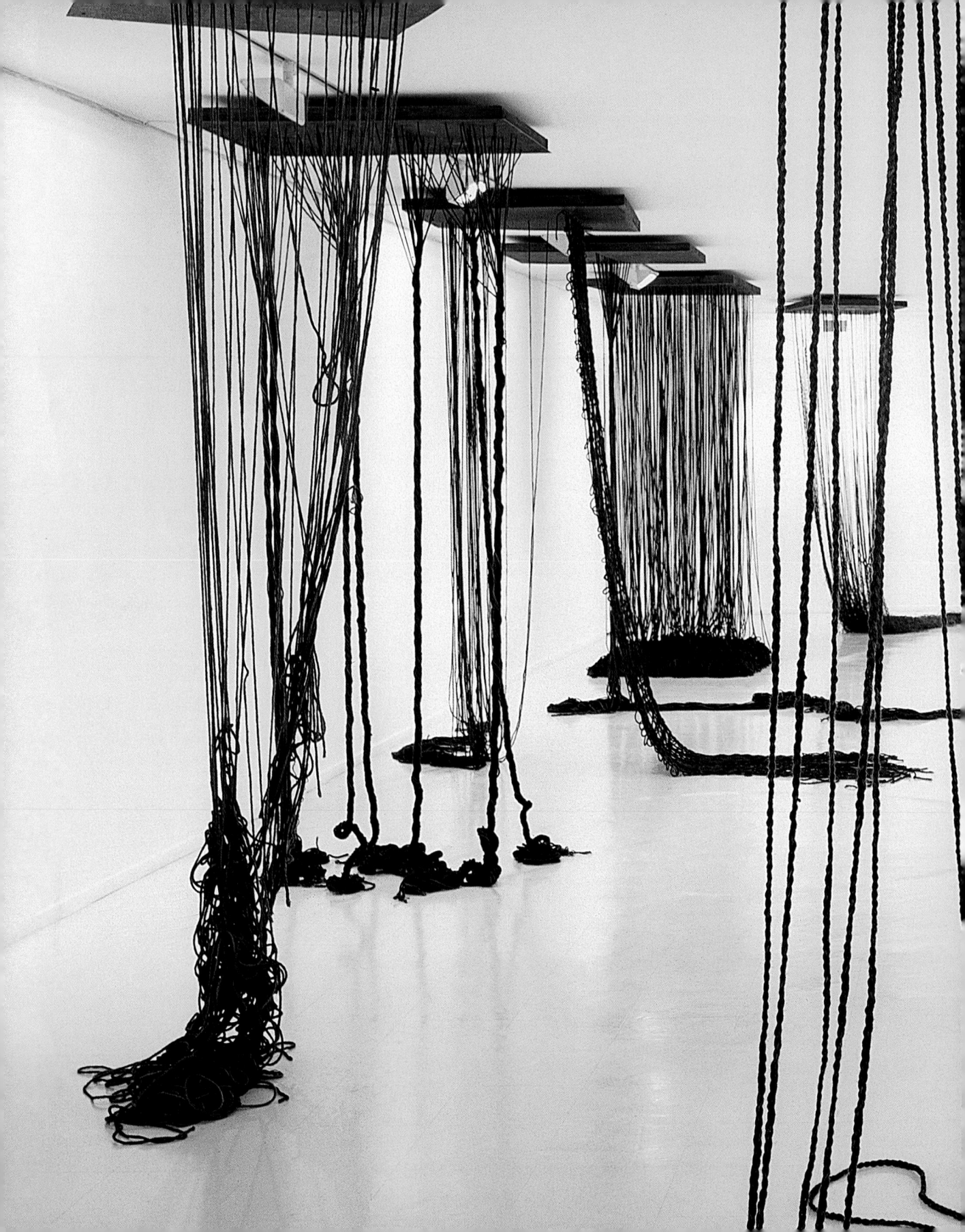

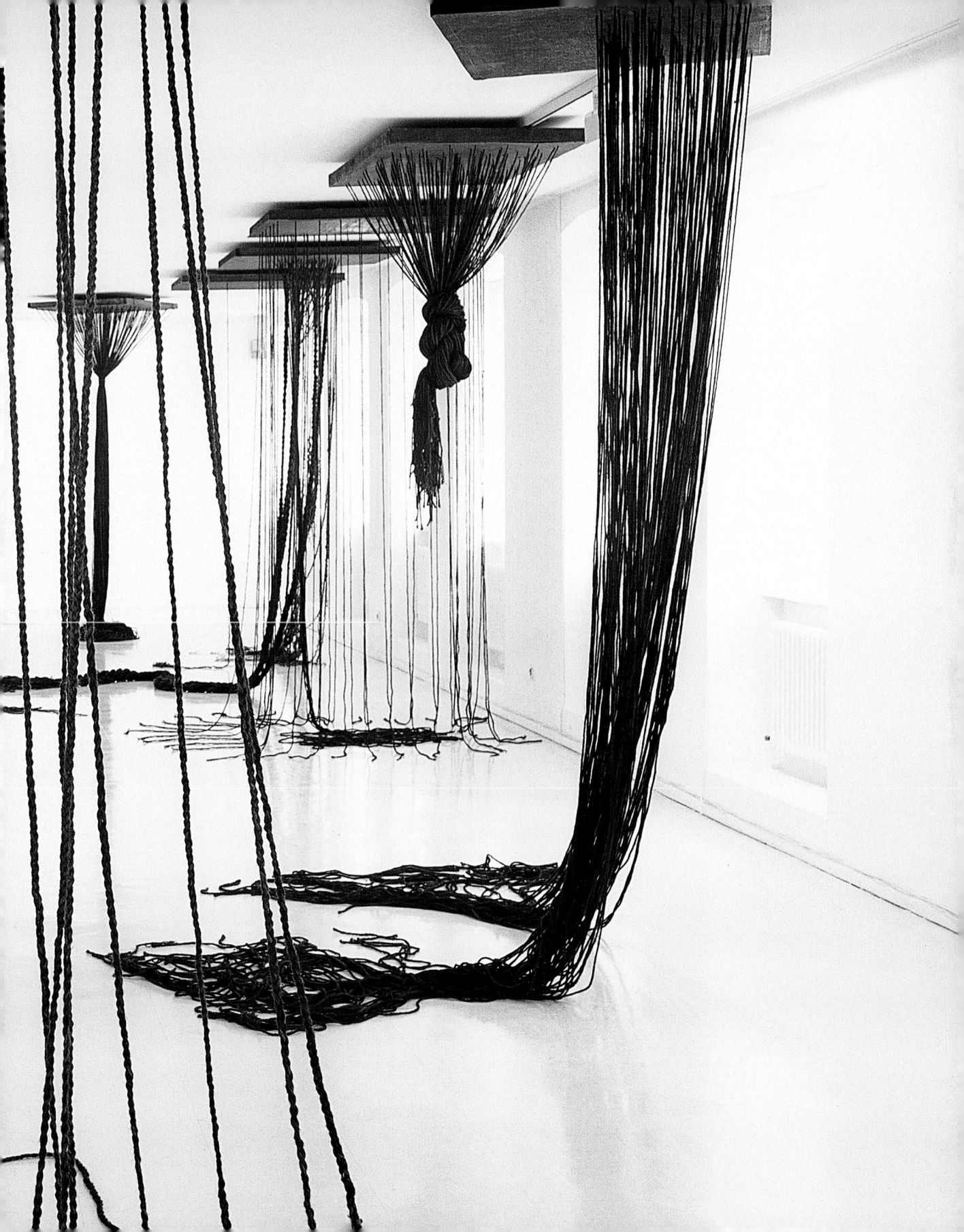

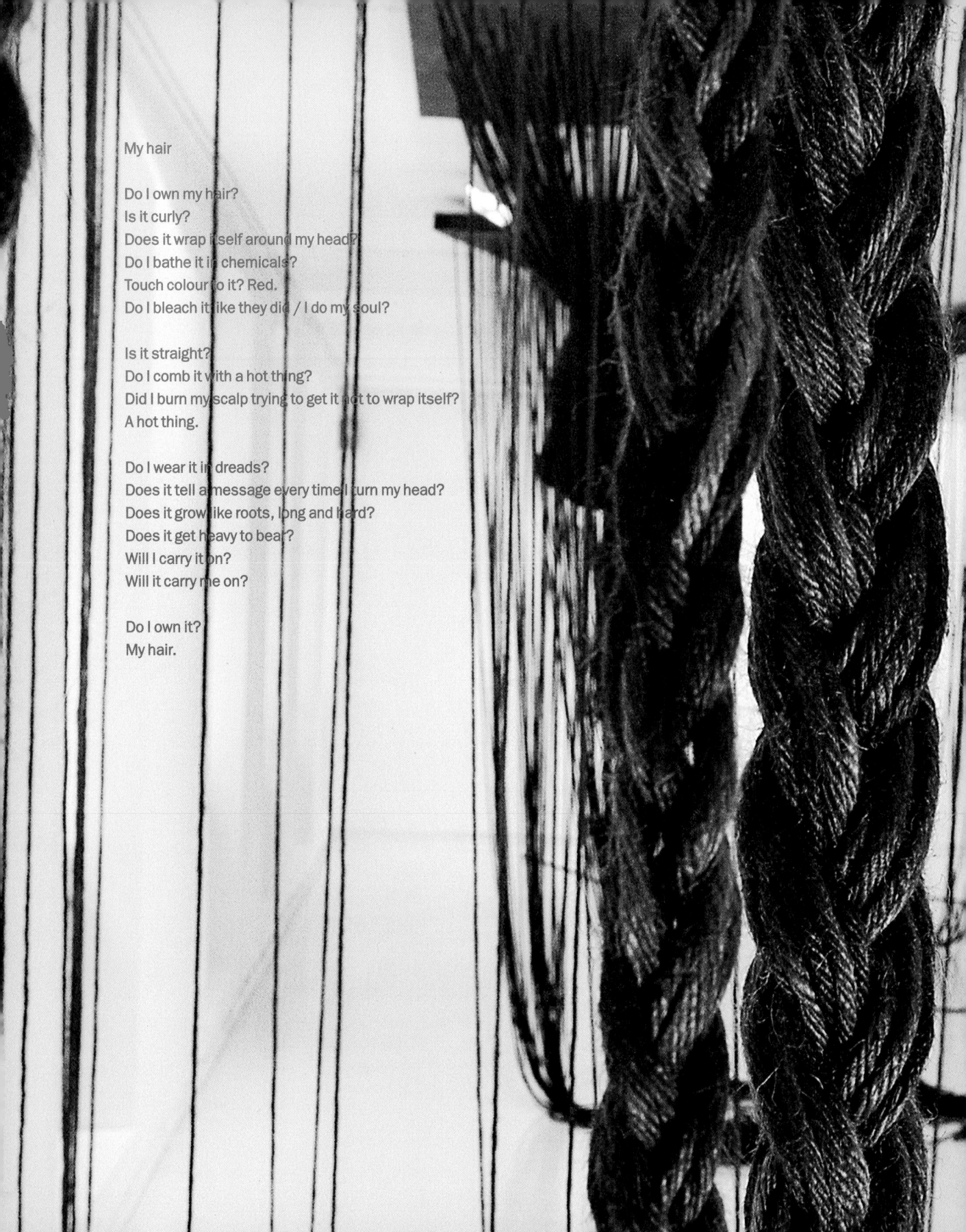

My hair

Do I own my hair?
Is it curly?
Does it wrap itself around my head?
Do I bathe it in chemicals?
Touch colour to it? Red.
Do I bleach it like they did / I do my soul?

Is it straight?
Do I comb it with a hot thing?
Did I burn my scalp trying to get it not to wrap itself?
A hot thing.

Do I wear it in dreads?
Does it tell a message every time I turn my head?
Does it grow like roots, long and hard?
Does it get heavy to bear?
Will I carry it on?
Will it carry me on?

Do I own it?
My hair.

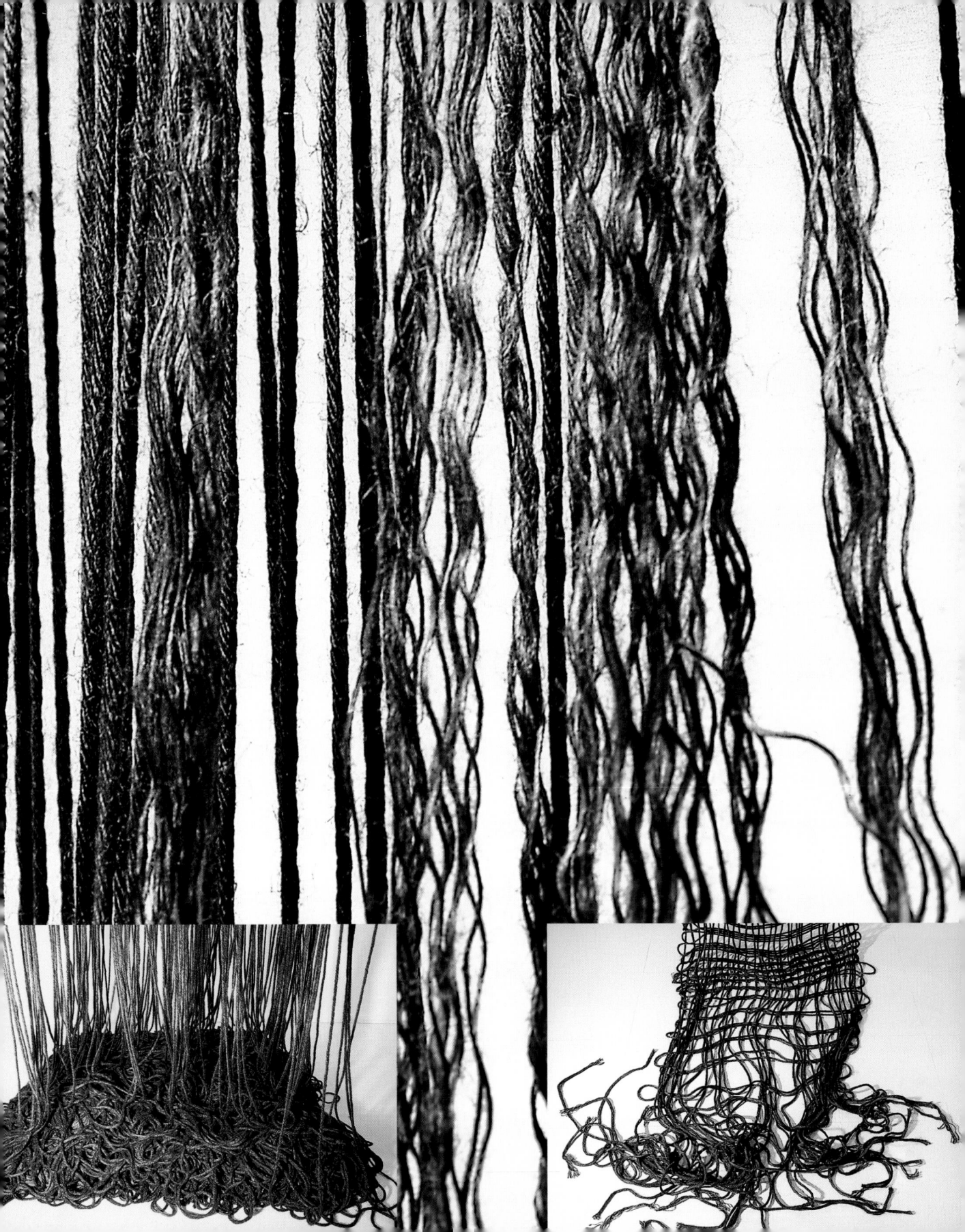

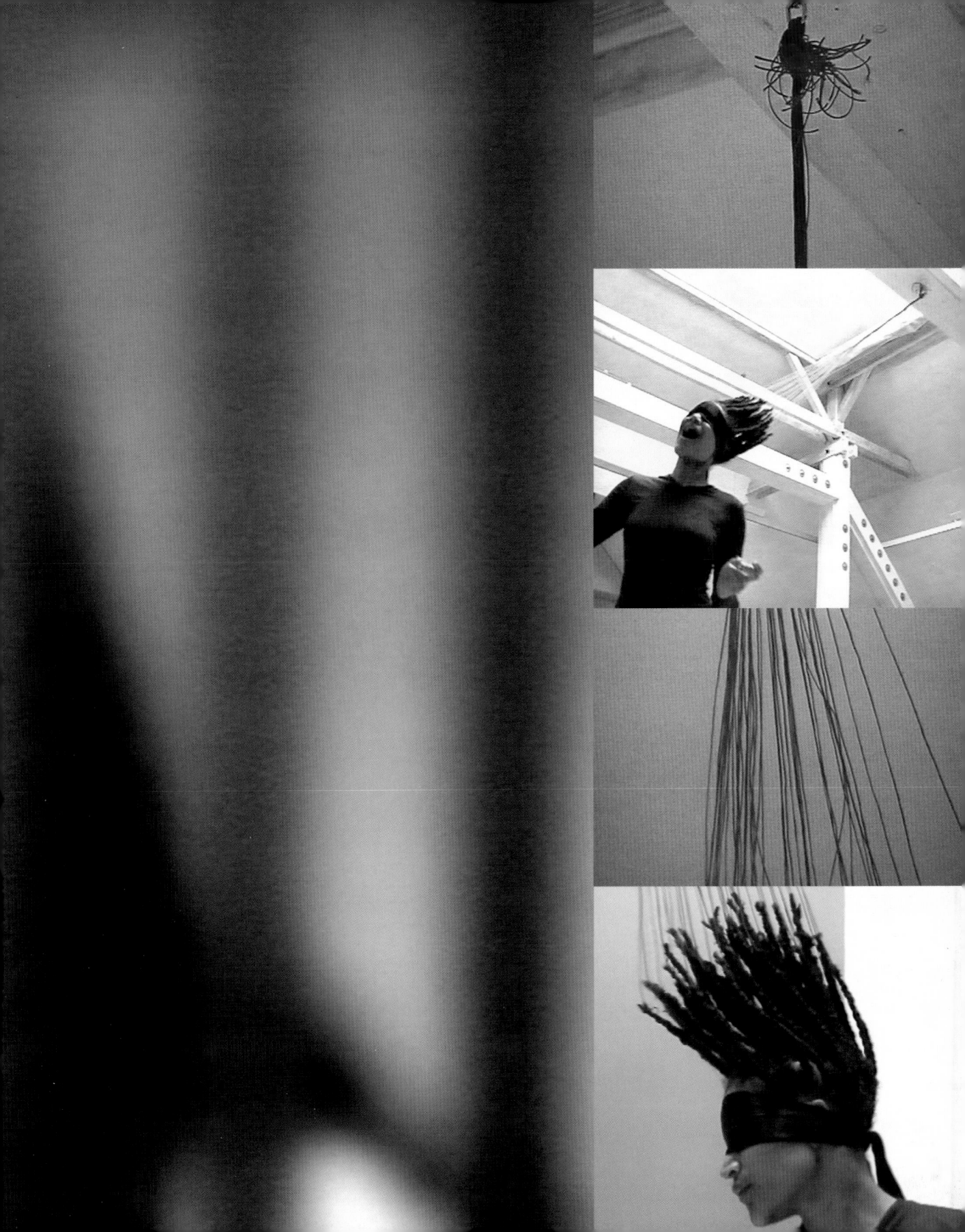

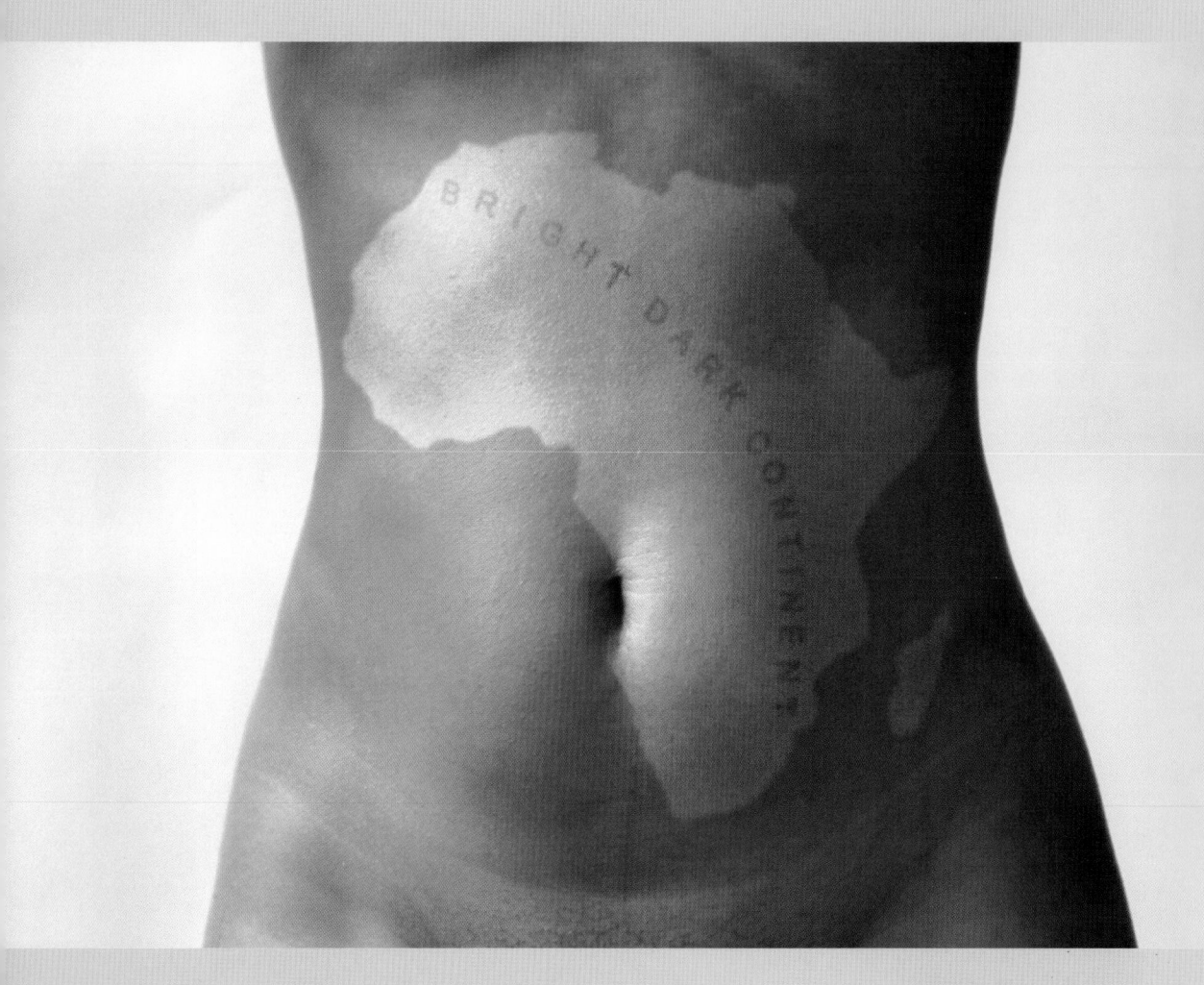

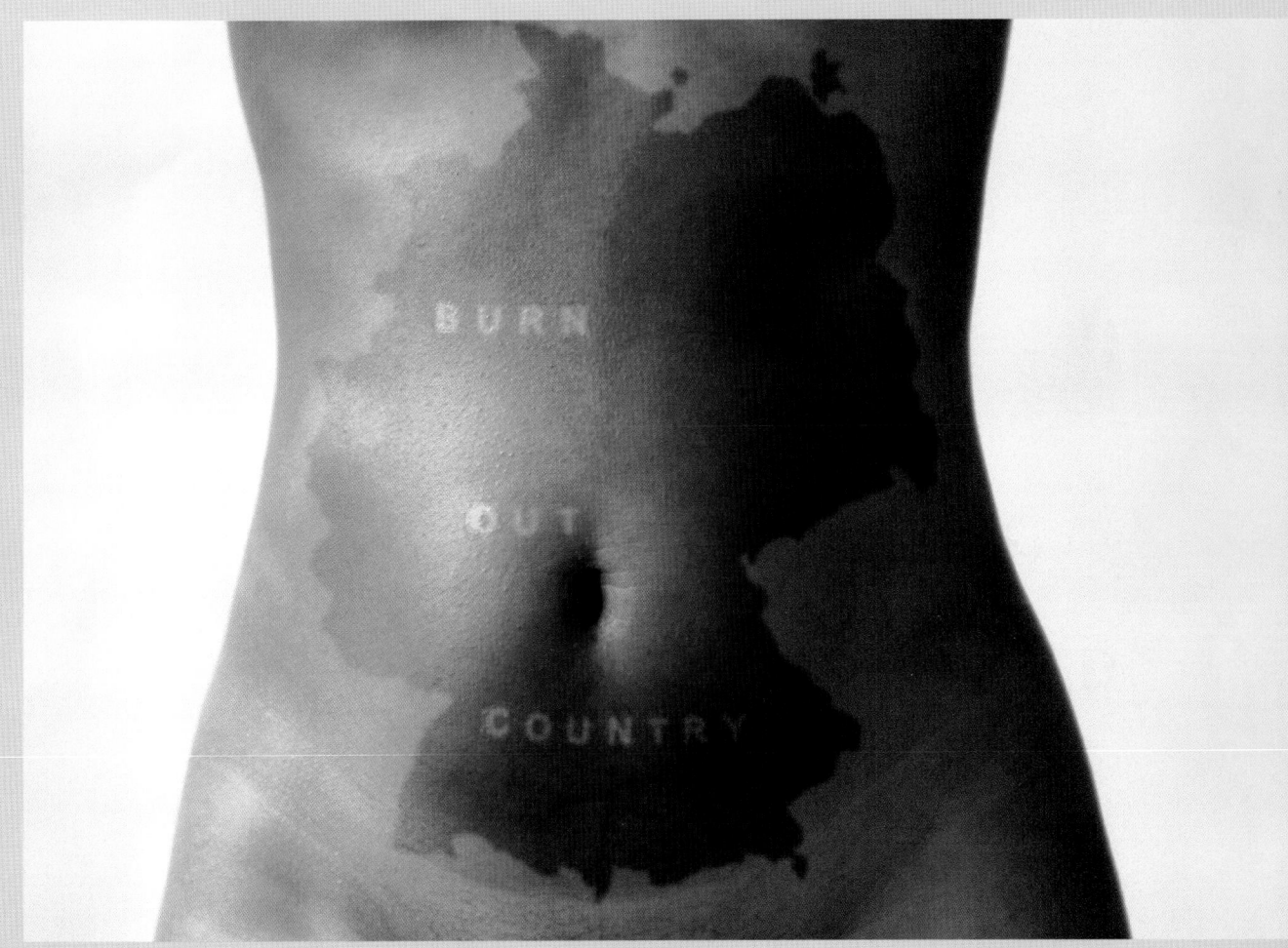

Wäre Ingrid Njeri Mwangi, Tochter eines Kenianers und einer Deutschen, in das Dritte Reich hineingeboren worden, so hätte sie als „minderes Erbgut" zum „entarteten Nachwuchs" gezählt. Es wäre vielleicht gar nicht dazu gekommen, weil Rassenanthropologen schon vor dem Aufkommen des Nationalsozialismus die Zwangssterilisation für Mütter von Afro-Deutschen forderten. Hitler (Mein Kampf, 1928) schob diese „Bastardierung" seiner Arier zudem den Juden in die Schuhe, die „den Neger an den Rhein bringen", um die „von ihnen verhasste weiße Rasse zu zerstören, von ihrer kulturellen und politischen Höhe zu stürzen und selber zu ihren Herren aufzusteigen". Mwangi, 1975 in Nairobi geboren und ab dem 15. Lebensjahr mit ihrer Mutter und ihren Geschwistern nach Deutschland umgezogen, hatte – allerdings nur so gesehen – Glück. Kenia erlangte immerhin 1963 seine blutig erkämpfte Unabhängigkeit, Deutschland war das angeblich von jeglichen Vorurteilen befreite Herzstück Europas. Doch ohne auf die zweifelhafte Unabhängigkeit einer ostafrikanischen Republik im spätkolonialen Weltwirtschaftssystem einzugehen, stellt die offensichtlich noch immer latent spürbare soziale, politische und kulturelle Stigmatisierung einer Dunkelhäutigen, einer Afro-Deutschen, dieses Glück einer späten Geburt in Frage. Mwangi war mit den Zwängen und Ängsten einer heranwachsenden jungen Frau mit schwarzer Hautfarbe in einer unterschwellig nach wie vor intoleranten, rassistisch und sexistisch konditionierten wie auf den eigenen Weltnabel

Art is the Message / Horst Gerhard Haberl //

Art is the Message / Horst Gerhard Haberl

If Ingrid Njeri Mwangi – the daughter of a Kenyan man and a German woman – had been born during the Third Reich, she would have been considered "of an inferior genotype" and classified as "degenerate progeny". She might never have been born in the first place, as racial anthropologists were demanding the forced sterilization of mothers of Afro-Germans even before the rise of Nazism. In "Mein Kampf" (1928), Hitler furthermore gave the blame for this "bastardization" of his Aryans to the Jews, who "bring the nigger to the Rhine" in order "to destroy the white race they so despise, to hurl it from its cultural and political pinnacle and rise to become its masters themselves". Mwangi – who was born in Nairobi in 1975 and moved to Germany with her mother and siblings at the age of fifteen – was lucky, although only in this one isolated sense. After all, bloody struggles had led to the attainment of Kenyan independence in 1963, and Germany was thought to be the heart of Europe, free of all prejudice. We will refrain here from delving deeper into the questionable independence of an East African republic in the late colonial economic system. Suffice it to say that the still latently perceptible social, political and cultural stigmatization of a colored person, an Afro-German, in Germany cast quite some doubt on the "luck" of later birth. Mwangi was confronted with the constraints and fears of a young woman with black skin in a society as con-

zentrierten Gesellschaft konfrontiert. Heute gefragt, warum sie Künstlerin geworden ist, antwortet sie mit den außergewöhnlichen Möglichkeiten, die ihr die Kunst bietet, dieser kollektiven Ausgrenzung, Verfolgung und Unterdrückung des vermeintlich Fremden entgegenzuwirken.

Ein Sprichwort der ostafrikanischen Kerewe sagt: „Dass wir alle gleich sind, ist nur ein Gerede, denn im Wissen unterscheiden wir uns."[1] Das Wissen, von dem da die Rede ist, bezieht sich auf ein Wissen, das den gesamten Körper meint, sein Außen und Innen, seine physischen und psychischen Eigenschaften als Einheit begreift. Das hat nur entfernt mit animistischen (d. h. „beseelten") Naturreligionen der Afrikaner zu tun, sondern vor allem mit dem Wissen um die jedem Menschen eigene unverwechselbare, nicht austauschbare Individualität. Die christlichen Missionare setzten Angehörige so genannter Naturvölker als „heidnische Wilde" den Tieren gleich und sprachen ihnen den Besitz einer Seele ab. Die Nazi-Ideologen folgten dieser „Lehre" selbst bei getauften Menschen anderer Kontinente und bezeichneten sie als „entartete Individuen". Sie sahen in „unreinen Rassen" bestenfalls „exotische" Objekte. Eine aktuelle Studie des Bielefelder Instituts für interdisziplinäre Konflikt- und Gewaltforschung belegt, dass 22 Prozent der Deutschen der Ansicht sind, hier lebende Ausländer sollten sich mit ihren Landsleuten vermählen. Das meinen im Übrigen mehr Frauen (25 Prozent) als Männer (19 Pro-

ditioned as ever to intolerance, racism and sexism and absorbed with its role at the navel of the world. When asked today why she became an artist, she cites the unusual possibilities art offers her for countering this collective exclusion, persecution and suppression of everything considered foreign.

According to a saying of the East African Kerewe, "the idea that we are all alike is mere talk, for we differ from one another in knowledge".[1] The knowledge referred to here is the body as knowledge: the concept of the body's exterior and interior, its physical and mental characteristics, as a unified whole. This concept is only distantly related to the animist (i. e. "inspired") natural religions of the Africans, emerging to a greater extent from the knowledge of the unmistakable, irreplaceable individuality of every human being. The Christian missionaries likened members of so-called primitive tribes – "heathen savages" – to animals and disputed their possession of a soul. Nazi ideologists adhered to this doctrine even in cases of baptized persons of other continents, referring to them as "degenerate individuals". At best, they regarded members of "impure races" as "exotic" objects. A recent study by the Bielefeld Institut für interdisziplinäre Konflikt- und Gewaltforschung shows that 22 percent of all Germans think that foreigners living in Germany should marry their own compatriots. This opinion, incidentally, is held by more women (25 percent) than men (19 percent). A sizable 14 percent of all Germans

zent). Immerhin 14 Prozent der Deutschen glauben noch, dass es Bevölkerungsgruppen gäbe, die weniger wert seien als andere. Und 16 Prozent finden, dass die Weißen zu Recht führend in der Welt seien. So sagt auch fast jeder Fünfte (17 Prozent), die Juden trügen Mitschuld an ihrer Verfolgung. Jeder zweite Deutsche (52 Prozent) vertritt die Meinung, dass viele Juden versuchten, aus dem Holocaust Vorteile zu ziehen – und dass sie die Deutschen für die Vergangenheit zahlen ließen.[2] Die viel beschworene Bewältigung der Vergangenheit hat wohl nicht wirklich stattgefunden, eher eine nicht bewältigte Verdrängung. Das sind auch die roten Handlungsfäden, an die Ingrid Mwangi ihre

schwarzen Dreadlocks knüpft, um ihre vergeblichen Ausbruchsversuche aus dem stereotypen Schwarz-Weiß ihrer „postkolonialen" deutschen Wirklichkeit zu demonstrieren (*Wild at Heart*).[3]

Mit seinem postkolonialen Blick auf die „erschreckende Nähe der Ferne" thematisierte der erste außereuropäische Documenta-Macher Okwui Enwezor ein neues Selbstverständnis der Kunst als kritische Dokumentation unserer globalisierten Gegenwart. Enwezor definiert Postkolonialität als die Summe von „Praktiken, die sich aus Imperialismus und Kolonialismus, Sklaverei und Dienstverpflichtung entstandene Kulturen aneignen, um aus den Fragmenten des kollabierenden Raumes eine Collage von Rea-

34

still think that some groups of the population are inferior to others. And 16 percent think that white people are justified in leading the world. Nearly one fifth of all Germans (17 percent) say that Jews bear part of the blame for their own persecution. Every second German (52 percent) is of the opinion that many Jews attempted to gain advantages from the Holocaust – and that they made the Germans pay for the past.[2]

The much-cited process by which the Germans have supposedly come to terms with their past apparently never really took place. What did take place was unreflecting repression. Those are the red threads of action to which In-

grid Mwangi ties her black dreadlocks in order to demonstrate her futile attempts to break out of the stereotypical black-and-white of her "post-colonial" German reality (*Wild at Heart*).[3]

With his post-colonial look at the "terrible nearness of distant places", the first non-European documenta producer Okwui Enwezor focused on the new self-conception of art as a critical documentation of our globalized present. Enwezor defines post-colonialism as the sum of all "practices whereby cultures evolving out of imperialism and colonialism, slavery and indenture, compose a collage of reality from the fragments of collapsing space".[4] The artists he presented "document" their criticism of the ruling system

lität zu schaffen".[4] Die von ihm präsentierten KünstlerInnen „dokumentieren" ihre Kritik am herrschenden System mit allen Medien, die sie zum Ent-Werfen ihrer Gegenwelten brauchen: den eigenen Körper als Gefäß der Erinnerung und Träger von Botschaften, Materialien aus fossilen und synthetischen Rohstoffen ebenso wie digitale Rechner, audiovisuelle Projektoren (Klang- und Bild-Werfer), dazu entsprechende Projektionsflächen, Projektionskörper und Projektionsräume. Die Ausstellung der Documenta11 hat diese prospektiven Flächen, Körper und Räume einer unsere unmittelbare Gegenwart reflektierenden und projizierenden Kunstpraxis zu einer Art neuer babylonischer Turm-Baukonstruktion wachsen lassen. Die vielleicht wesentlichste Botschaft aus Enwezors inszeniertem Sprachgewirr ist die Entdeckung einer Kunst im Kontext von Verantwortung. Der realitätsbezogene und politische Charakter der 2002 in Kassel vorgeführten postkolonial globalisierten „Fragmente des kollabierenden Raumes" verweist zumindest auf neue Möglichkeiten einer gesellschaftsverändernden Einflussnahme von KünstlerInnen. Gemeint sind insbesondere jene, die aus der Authentizität ihrer eigenen Geschichte und Welterfahrung an der Entgrenzung unserer „grenzerhaltenden Systeme" (Jürgen Habermas) arbeiten.

Ingrid Mwangis wahrnehmungsstrategische Methode besteht darin, dem Dualismus des Verdeckens und Entde-

with all the media they need to "de-sign" their counter-worlds: their own bodies as vessels of memory and bearers of messages, materials of natural or synthetic origin, digital computers and audiovisual projectors (sound and image transmitters) in combination with the respective projection surfaces, projection bodies and projection spaces. The documenta11 exhibition accumulated the prospective surfaces, bodies and spaces of an art practice that reflects and projects our immediate present in a kind of modern-day Tower of Babel. Perhaps the most fundamental message conveyed by Enwezor's linguistic jumble is the discovery of art in the context of responsibility. The reality-oriented and political character of the post-colonially globalized "fragments of collapsing space" presented in Kassel in 2002 points at the very least to new means by which artists can make an impact on society – particularly those artists who work on eliminating the boundaries of our "boundary-maintaining systems" (Jürgen Habermas) from within the authenticity of their own biographies and experience.

Ingrid Mwangi's perceptual-strategic method consists in opening up a "third" realm of experience as a wedge in the concealment / discovery dualism by having subject and object appear alternately as her alter ego, live as well as virtually. In the sense of Wittgenstein's Tractatus "The subject

ckens einen „dritten" Erfahrungs(spiel)raum dazwischen zu öffnen, indem sie Subjekt und Objekt alternierend als ihr Alter Ego sowohl live als auch virtuell in Er-Scheinung treten lässt. Im Sinne des Wittgenstein-Traktats: „Das Subjekt gehört nicht zur Welt, sondern es ist eine Grenze der Welt",[5] erfährt sie ihr Da-Sein in einer – allerdings nicht nur für sie geltenden – Grenzwelt. Die Erforschung der eigenen Körperbefindlichkeit führt sie in ihren Selbstdarstellungen oft zum selbstquälerischen Sezieren der eigenen Identität, zum radikalen In-Frage-Stellen des eigenen Selbst. Für diese beständige Selbstausgrenzung nutzt sie von Anfang an die synästhetischen Möglichkeiten der Performance, die

Bewusstes und Unbewusstes, physische und psychische Befindlichkeiten zum Ausdruck bringen kann. In den Auseinandersetzungen mit dem eigenen Selbst vertraut sie einerseits auf die Eigendynamik körperlicher Prozesse, andererseits experimentiert sie mit den Schnittstellen von Natur und Kultur an der Grenze des Wahrnehmbaren und Unsagbaren. So versucht Mwangi durch den permanenten Dialog ihres leibhaftigen Ichs mit ihrem virtuell transformierten Über-Ich die Aura, gewissermaßen ihren Astral-Leib, d. h. die Befindlichkeiten ihrer Seele zwischenräumlich erfahrbar zu machen.

Ein offenkundig besonders wichtiges Element ihrer körperbestimmten Mitteilung ist ihr zu Dreadlocks gedrehtes Haar. Mwangi führt das auf ihre Kindheit in Nairobi zurück,

does not belong to the world; rather, it is a border of the world",[5] she experiences her existence in a border world, albeit one that applies not only to her. In her self-presentations, the exploration of the state of her own body often leads to the self-tormenting dissection of her own identity, to the radical questioning of her own self. From the very beginning, she has carried out this continual self-exclusion with the aid of the synesthetic possibilities of performance, an art form capable of lending expression to the conscious as well as the unconscious, to physical as well as psycho-

logical states. In her interaction with her own self, she relies on the one hand on the impetus of physical processes; on the other hand she experiments with the interfaces of nature and culture on the border between the perceptible and the unspeakable. By means of the continual dialog between her true self and her virtually transformed superego, Mwangi endeavors to make her aura – her astral body, in a sense – i. e. the state of her soul – interspatially experiencable.

It is quite evident that Mwangi's dreadlocks are a particularly important element of what she communicates with her

in der sie selbst, wie sie sagt, den dort üblichen Haarkult des Frisierens, Filzens und Flechtens, Glättens oder Bleichens mit viel Zeit, Geduld und Fantasie praktizierte. Wobei das Glätten und Bleichen des krausen Haars ein Indiz für die denaturierten Anpassungsversuche der Schwarzen an die Natur und Kultur der Weißen darstellt. Umgekehrt haben Dreadlocks, zu Deutsch: Furchtlocken, als Afro-Look längst Eingang in die Welt der Weißen gefunden, vornehmlich in die der Jugendlichen. Sie tragen sie als eine Art Protestfrisur, die sich einmal gegen die ältere Generation richtet, aber auch gegen die neofaschistischen Glatzen, andererseits dienen sie der Kritik an der neokolonialen Globalisierungspolitik als friedliches Demonstrations-Zeichen. In

keiner anderen Handlungsform ihrer Körpersprache wird das ästhetische Stilmittel der Ritualisierung sichtbarer als in Mwangis kultisch zu nennenden Sprachbildern, die sie mit und aus ihren Dreadlocks über-formt: ein skulpturaler Prozess der Metamorphose, archetypische Energie-Zeichen wie Urpflanze oder Schlange in die Gegenwart zu verpflanzen. Die Dreadlocks verkörpern ihre Wurzeln ebenso wir ihr Fühlen. Sie sind Sensoren, Antennen und Sender. Ein Schlüsselwerk dazu ist die räumlich inszenierte Video- und Soundinstallation *Neger – Don't Call Me:* Im Grunde ihres Herzens eine Wilde (*Wild at Heart*) formt sie aus ihren Dreadlocks Haarmasken zu urbildhaften, oft tierisch an-

body. Mwangi attributes this circumstance to her childhood in Nairobi, where – as she recalls – she spent lots of time, patience and fantasy practicing the cult of dressing, felting, braiding, straightening and bleaching hair, the latter two – when applied to kinky hair – being indications of the denatured attempts of blacks to adapt to the nature and culture of the whites. Dreadlocks, on the other hand, are an Afro look that has long since been absorbed by the world of the whites. Particularly young people wear dreadlocks as a kind of protest hairstyle, directed against the older generation and the shorn heads of the neofascists while at the same time serving as a form of peaceful demonstration against

neocolonial globalization politics. Of all the various forms of body language Mwangi practices, the cultic linguistic images she forms with her dreadlocks are those in which the stylistic device of ritualization becomes most perceptible: a sculptural process of metamorphosis, the transplantation of archetypical energy symbols like the "Urpflanze" or the snake into the present. The dreadlocks embody her roots as well as her feeling. They are sensors, antennae and transmitters. One of the key dreadlock works is the spatially staged video and sound installation *Neger – Don't Call Me:* A wild woman at her core (*Wild at Heart*), Mwangi

mutenden Fratzen und so zu ironisch überzeichneten Stereotypen deutscher Ansichten von Afrikanern. Diesen projizierten Videosequenzen sitzt ein unsichtbares Auditorium von Deutschen gegenüber, verkörpert durch vier Stühle, aus deren Sitzflächen die Stimme der immer neu Maskierten dringt, die bruchstückhaft von ihren Erlebnissen und Sprachschwierigkeiten (speziell mit dem Wort „Neger") in Deutschland erzählt.

Mwangi seziert ihr schwarz-weißes Image und zerlegt in der vierteiligen Videoinstallation *Coloured* ihren Körper in virtuelle Abbilder unterschiedlicher Verhaltensformen und An-

sichten einer von Weiß nach Schwarz abgestuften Ikone ureigenster Seelenzustände. Ganz ohne Zweifel reflektiert diese Arbeit im selben Atemzug die kultur- und zeithistorische Phänomenologie des „anderen" Geschlechts: ein feministisch akzentuiertes Motiv der Befreiung aus dem Korsett gesellschaftlich ritualisierter Konventionen, das ganz selbstverständlich in allen ihrer künstlerischen Projekte mitschwingt. In der Fotoserie *Static Drift* outet die Performerin ihre „Borderlines" und lässt sich als Beispiel einer „anderen" Lesbarkeit von Welt von der weißen Sonne das „Burn Out" eines Deutschland-Schattens in die Bauchhaut brennen – oder von der schwarzen Sonne die Wörter „Bright

38

uses her dreadlocks to form hair masks of prototypical, often animal-like faces which are ironically overdrawn stereotypes of German images of Africans. An invisible audience of Germans, personified by four chairs, faces these projected video sequences. The voice of the person behind the changing masks arises from the seats of the chairs, fragmentarily relating her experiences and language difficulties (especially with the word "Neger") in Germany.

Mwangi dissects her black-and-white image and, in the four-part video installation *Coloured*, anatomizes her body into virtual images of various behavioral patterns and

views, producing an icon of very personal states of mind, gradated from white to black. In the same breath, the work quite distinctly reflects the cultural / temporal-historical phenomenology of the "other" sex: a feministically accentuated motif of liberation from the corset of socially ritualized conventions resonating throughout her artistic projects. In the photo series *Static Drift* – as an example of a "different" readability of the world – the performer exposes her "Borderlines", having had the "Burn Out" of a Germany shadow burned into the skin of her stomach by the white sun, or the words "Bright Dark Continent" into the stencil of

Dark Continent" in die Schablone Afrikas. Als Medienkünstlerin weiß sie um die Rhetorik projizierter Bilder, Zeichen, Symbole und Texte, kennt sie die medialen Eigenschaften des Körpers als Gedächtnis- und Erinnerungs-
raum, als Energiefeldgenerator, Datenspeicher und Pro-
zessor, der Empfänger und Sender zugleich ist, – aber auch
als Instrument bzw. Klangkörper. Mwangi verfügt über eine
ungewöhnlich ausdrucksstarke, modulationsfähige, farbi-
ge Stimme, die vor allem ihre Live-Performances zu singu-
lären Ereignissen macht. Ihre stets improvisierten „Gesän-
ge" modulieren die musikalischen Sprachmuster ihrer afri-

kanischen „Hälfte" zu völlig eigenständigen Sprachrhyth-
men aus der Verschmelzung tonaler und atonaler Klangele-
mente. *Freeing the Voice* war 1999 der Titel eines Auftritts,
bei dem ihre frei improvisierten „Stimmungen" den Zuhö-
rern buchstäblich unter die Haut gingen. Es ist ein zutiefst
innerer Klang, der da zum Ausbruch kommt, sich aufbäumt
und wieder fast unhörbar in ihren Körper zurückströmt.
Mwangi setzt ihr performatives Medien-Repertoire weder
plakativ noch vordergründig agitatorisch ein, vielmehr vertraut sie auf die aus der Differenz von Körper und Leib gefil-
terte Verdinglichung und damit Vermittlung von Gefühlen,
die sie bewegen. Ihre Arbeit hat etwas mit dem hier schon

Africa. As a media artist she is familiar with the rhetorical
power of projected pictures, signs, symbols and texts, and
aware of the media characteristics of the body as a vessel
of memory and remembering, a generator of energy fields,
data logger and processor, both receiver and transmitter –
but also as a resounding body or instrument. Mwangi has
at her disposal an unusually expressive and modulable
voice that makes particularly her live performances a
unique experience. Her "chants", always improvised, mod-
ulate the musical speech patterns of her African "half",
turning them into entirely autonomous speech rhythms

through the fusion of tonal and atonal elements. *Freeing
the Voice* was the title of a 1999 performance at which her
freely improvised "Stimmungen" literally crept under the
listeners' skin. It is a deeply inward sound that breaks
loose, rears up, and finally flows almost inaudibly back into
her body.
Mwangi does not employ her performance-oriented media
repertoire in an ostentatious or directly agitational manner,
but places her faith in the concretization and conveyance of
feelings filtered from the difference between the body as

angesprochenen, jedem Menschen innewohnenden Wissen zu tun. Nicht nur animistische Naturreligionen, auch europäische Vorstellungen von der Natur des Menschen, etwa in der Theosophie und Anthroposophie, sehen die Seele als das, was Mwangi in ihrer „Hair Piece"- und Soundinstallation *Your Own Soul* auszudrücken sucht, nämlich als Energiefelder produzierende Kraftquelle. Wieder kommen die sensorischen Dreadlocks ins Spiel. Diesmal in transformierter Gestalt versinnbildlichen sie als überdimensioniertes haarähnlich bearbeitetes (geflochten, geknotet, gefärbt etc.) Jutegarn – im Zusammenspiel mit Text- und Geräuschfragmenten – die von der Künstlerin erlebten

Anpassungs- und Entfremdungsprozesse. Mwangi: „Die eigenen Haare zu besitzen, wird zum Symbol für das Besitzen seiner selbst." Und: „You can't pretend to be passive! Es geht genauso um deine Seele wie um meine."
Mit *To Be in the World* macht Mwangi einen ersten Schritt, ihre eigenen Grenzerfahrungen nicht nur mittelbar, sondern unmittelbar auf andere zu übertragen. Die Anderen sind Mitglieder ihrer Familie, denen sie in Einzelsitzungen den Zusammenschnitt von alltäglichen Gewaltvideos, wie sie in den Weltnachrichten des Fernsehens Tag für Tag verbreitet werden, vor Augen führte. Den Konsum dieser aus alltäglichem Rassismus, alltäglicher Diskriminierung, alltäglicher Gewalt und alltäglichem Krieg gespeisten Infor-

40

object and the body as subject. Her work is related to the inherent human knowledge already alluded to above. Not only animist natural religions but also European conceptions of human nature – as expressed in theosophy and anthroposophy, for example – view the soul in the manner Mwangi endeavors to express in her "Hair Piece" and sound installation *Your Own Soul*, namely as a source of power-producing fields of energy. Once again, the sensorial dreadlocks are involved. Here they appear as oversized jute yarn, worked in the manner of hair (braided, knotted, dyed, etc.). Thus transformed and interwoven with fragments of text and sound, they represent the adaptation and alienation process experienced by the artist. Mwangi: "The ownership

of one's own hair becomes a symbol for the ownership of one's self." And: "You can't pretend to be passive! This has just as much to do with your soul as with mine."
With *To Be in the World*, Mwangi takes a first step towards transferring her own experience of borders to others, now quite directly. In this case the "others" are members of her family, to whom she presented a sequence of video scenes of violence of the kind shown day after day on TV world news. The consumption of information that is fed by everyday racism, discrimination, violence and war is reflected in the faces of the viewers as the flickering of the light from the television screen. Tone fragments from the TV recordings circle the black room in which six monitor steles have

mationen lässt sie in den Gesichtern der Zuseher als das Auf- und Abflimmern des Bildschirmlichts widerspiegeln. Tonfragmente der TV-Mitschnitte umkreisen den schwarzen Raum, in dem sich sechs Monitorstelen mit den virtuellen Gesichtsspiegelungen der so gequälten „Testpersonen" versammelt haben. Mwangi stellt hier die von Sloterdijk[6] formulierte radikale Behauptung in den Raum, das In-der-Welt-Sein sei ein In-der-Gewalt-Sein. Im Licht der „erschreckenden" Monitore fließen über den Boden Sein und Schein zusammen und machen unsicher fragend projizierte Schriftzüge sichtbar: „What can I do? What can you do? Can we do? ..."

You can't pretend to be passive!

1   Afrikanische Religionen, Projektmappe, hrsg. von Regina und Gerd Riepe, Mülheim an der Ruhr 2000, S. 46.
2   Jochen Bittner, Deutschland: Wo jeder sich vor jedem fürchtet, in: Die Zeit, Nr. 46, 7. November 2002, S. 10.
3   Detailbeschreibung der Multimedia-Performance Wild at Heart im Dachatelier der Hochschule der Bildenden Künste Saar, Saarbrücken 1998.
4   Vgl. Okwui Enwezor, Die Black Box. Was ist Avantgarde heute? Die postkoloniale Nachwirkung der Globalisierung und die erschreckende Nähe der Ferne, in: Katalog Documenta11_Plattform 5: Ausstellung, Ostfildern-Ruit 2002, S. 44 ff.
5   Ludwig Wittgenstein, Tractatus logico-philosophicus 5. 632, Frankfurt / Main 1969.
6   Vgl. Peter Sloterdijk, Medien-Zeit, drei gegenwartsdiagnostische Versuche – Sendboten der Gewalt (Schriftenreihe der HfG Karlsruhe), Ostfildern-Ruit 1993, S. 11.

41

been assembled and are showing the virtual facial reflections of the "test persons" thus tormented. Here Mwangi uses artistic means to propose the sentiment radically formulated by Sloterdijk[6], according to which "In-der-Welt-Sein" ('being in the world') means "In-der-Gewalt-Sein" ('being in the power / under the control' or 'being in violence' – a phrase with a double meaning due to the fact that the German word "Gewalt" can mean power / control or violence). In the light of the "frightening" monitors, that which truly exists merges with that which merely appears, making timidly questioning lines of text visible: "What can I do? What can you do? Can we do? ..."

You can't pretend to be passive!

1   Regina and Gerd Riepe (eds.), Afrikanische Religionen, project file, Mülheim an der Ruhr, 2000, p. 46.
2   Jochen Bittner, Deutschland: Wo jeder sich vor jedem fürchtet, in Die Zeit, No. 46, November 7, 2002, p. 10.
3   Detailed description of the multimedia performance Wild at Heart in the attic atelier of the Hochschule der Bildenden Künste Saar, Saarbrücken, 1998.
4   Cf. Okwui Enwezor, The Black Box. What is an avant-garde today? The postcolonial aftermath of globalization and the terrible nearness of distant places, in Documenta11, The Catalog, Ostfildern-Ruit, 2002, pp. 42–55.
5   Ludwig Wittgenstein, Tractatus logico-philosophicus 5. 632, New York, 2001.
6   Cf. Peter Sloterdijk, Medien-Zeit, drei gegenwartsdiagnostische Versuche – Sendboten der Gewalt (essay series of the HfG Karlsruhe), Ostfildern-Ruit, 1993, p. 11.

I. «Vive la liberté, la liberté, la liberté! Nous sommes libres. – N'oublions pas que notre devoir, c'est d'être libres. Allons moins vite, nous arriverions à l'heure. La liberté, c'est de n'arriver jamais à l'heure. »[1]

Der Befreiungskampf. In dem Theaterstück „Ubu Enchaîné" begegnet die Hauptfigur Père Ubu, eine gehässige Charakterisierung von Autor Alfred Jarrys eigensinnigem Mathelehrer, dem späteren Politiker Félix-Frédéric Hebert, einer Gruppe von Soldaten, die sich für bessere Individuen halten, deren Entscheidungen und Handlungen von niemandem außer ihnen selbst beeinflusst werden. Sie haben das Credo der französischen Revolution, „liberté, égalité, fraternité", in eine Art Dogma verwandelt, dem sie so rigide folgen, dass ihre damit angestrebte Freiheit zu einer Zwangs-

jacke wird. Die absurde Parodie des französischen Autors bringt uns dazu, über das problematische Verhältnis zwischen Unterdrückung und Freiheit, zwischen dem Einzelnen und der Gemeinschaft, und über den Charakter des nie endenden Konfliktes zwischen den Machtbesitzenden und den Machtlosen zu reflektieren. Die Arbeit Ingrid Mwangis ist nicht annähernd so possenhaft, satirisch oder bizarr wie die Stücke von Jarry – der oft als exzentrisch bis an die Grenze des Wahnsinns und klar bis an die Grenze der Haluzination beschrieben wird –, aber sie befasst sich im selben Maße mit solchen binären Gegensätzen. Ihre Videos widmen sich häufig den Themen Gefangensein und Freisein, Knebelung und Befreiung, Dominanz und Opposition, das Selbst und das Andere. Und Mwangi ähnelt dem Ver-

Jenseits von Wunden und Narben. Die multiplen Welten der Ingrid Mwangi / Jan Hoet und Ann

Ingrid Mwangi / Jan Hoet and Ann Demeester

I. «Vive la liberté, la liberté, la liberté! Nous sommes libres. – N'oublions pas que notre devoir, c'est d'être libres. Allons moins vite, nous arriverions à l'heure. La liberté, c'est de n'arriver jamais à l'heure. »[1]

The struggle for liberation. In the play "Ubu Enchaîné" the main protagonist Père Ubu – a malicious characterization of Alfred Jarry's pigheaded high school mathematics teacher turned politician, Félix-Frédéric Hebert – encounters this group of soldiers who consider themselves to be supreme individuals whose decisions and actions are not influenced by anybody but themselves. They have transformed the French Revolutionary credo "liberté, égalité, fra-

ternité" into a kind of dogma to which they rigidly adhere, in such a way that the freedom they are trying to achieve becomes a kind of straitjacket. The French author's absurdist parody makes us reflect on the problematic relationship between oppression and freedom, the individual and the collective, on the nature of the never-ending conflict between those who are in control and the powerless. The work of Ingrid Mwangi is not half as farcical, satirical and bizarre as the collected plays of Jarry, often described as somebody who was eccentric to the point of mania and lucid to the point of hallucination, but it equally deals with these kind of binary oppositions. Her videos tend to talk about be-

rückten aus Laval in einem weiteren Punkt: Sie ist eine Künstlerin, die genügend Mut besitzt – wenn wir in diesem Kontext von einer solchen Eigenschaft überhaupt sprechen dürfen – ihr Publikum durch das Spielen mit Klischees wachzurütteln. Sie scheut sich nicht, Binsenwahrheiten über Themen wie Rassismus, Exotismus oder Identität zu verwenden, tut es allerdings auf subversive Art und Weise, indem sie die von ihr behandelten Situationen abstrahiert und verfremdet. Wie sie selbst sagt, reagiert sie auf die stereotypen Haltungen, denen sie im alltäglichen Leben begegnet, interpretiert diese und stellt sie in Frage. Offensichtlich geht es in der Arbeit Ingrid Mwangis also nicht lediglich um die Welt, die sie umgibt, sondern auch und in intensivem Maße um Ingrid Mwangi selbst, die Künstlerin,

die private und die öffentliche Person, von denen beide durch die Vermittlung der Kamera dargestellt werden.

II. »Die Maske war eine epochale Erfindung, in der die berühmte Ambivalenz jeden Bildes für alle Mal begründet ist: es tritt an die Stelle aller derjenigen, die abwesend sein müssen, damit sie im Bild anwesend sein können. Die Maske, in einer dramatischen Zuspitzung dieser Bedingung, verbirgt jemanden, um ihn durch sein Bild zu ersetzen und im Bild vorzuzeigen. Ob sie einen Leichnam verbirgt oder einen Tänzer, der den Toten spielt, so bringt sie sowohl die Verhüllung wie die Enthüllung dessen, der sie trägt, auf ein und derselben Oberfläche zustande.«[2]

Das eben Zitierte ist Teil eines längeren Texts, in dem Hans Belting, Professor für Kunstgeschichte und Medientheorie

ing caught and being free, about repression and liberation, about dominance and opposition, about the self and the other. In some other sense Mwangi also resembles the madman from Laval. She is a brave – if we might use the word in this context – artist who is not afraid to shock her public into an awareness by juggling with clichés. She does not refrain from using commonplaces about topics such as racism, exoticism and identity but she does so in a subversive way by abstracting and estranging the situations she deals with. She mentioned herself that she reacts to, interprets and questions stereotypical opinions which she encounters in daily life. This implies that the work of Ingrid Mwangi is not just about the world which surrounds her, it is

also and intensively about Ingrid Mwangi, the artist, the private and the public person both of them represented through mediation of the camera.

II. »Die Maske war eine epochale Erfindung, in der die berühmte Ambivalenz jeden Bildes für alle Mal begründet ist: es tritt an die Stelle aller derjenigen, die abwesend sein müssen, damit sie im Bild anwesend sein können. Die Maske, in einer dramatischen Zuspitzung dieser Bedingung, verbirgt jemanden, um ihn durch sein Bild zu ersetzen und im Bild vorzuzeigen. Ob sie einen Leichnam verbirgt oder einen Tänzer, der den Toten spielt, so bringt sie sowohl die Verhüllung wie die Enthüllung dessen, der sie trägt, auf ein und derselben Oberfläche zustande.«[2]

an der Hochschule für Gestaltung in Karlsruhe, erläutert, wie die Maske am Ursprung der bildenden Künste liegt. Er besteht auf der Vieldeutigkeit des Bildhaften, bei dem es sich sowohl um Abwesenheit als auch um Darstellung, sowohl um Bloßstellung als auch um Verschleiern handelt. Diese Polarität scheint auch die Grundstrukturen von Mwangis Video *Neger* zu bestimmen. Wir beobachten, wie sie sich hinter aufwändigen, aus ihrem eigenen Haar gebildeten Masken versteckt. Das Haar – äußerstes Symbol der Verführung in bestimmten Kulturen – wird zum Schleier, der das Gesicht und die Züge der Darstellerin versteckt. Der Körper der Künstlerin ist das Material, aus dem sie Anspielungen auf die traditionelle afrikanische Skulptur formt.

In *Wild Life* präsentiert sich Mwangi als Tier hinter Gittern, als wenn sie ihren eigenen Käfig gebaut hätte. Ihre Gefangenschaft scheint die westliche Furcht vor Dunkelheit und den eigenen Instinkten hervorzurufen. In der Performance *A Woman in Purdah* geht es ihr noch expliziter um die Polarisierung von Offenbarung und Verbergung. Sie stellt die Frage, ob islamische Frauen, die die Tradition von Tschador und Burka befolgen, wirklich unfrei und unterdrückt sind oder ob sie diese Kleidungsstücke tragen, um sich ganz einfach vor dem öffentlichen – männlichen – Blick zu schützen. Dies ist ohne Frage ein extrem heikles Thema. Es ist zu bezweifeln, dass sich irgendeine andere kunstschaffende Person mit ihm befassen könnte, ohne in die Falle des kulturellen Relativismus oder des Eurozentrismus hinein-

44

The above-mentioned quote is part of a larger text in which Hans Belting, Professor for Art History and Mediatheory at the Hochschule für Gestaltung in Karlsruhe, explains how the mask lies at the origin of the visual arts. He insists on the ambiguity of the image, which deals both with absence and representation, exposure and disguise. This polarity seems to determine the basic structure of Mwangi's video *Neger*. We see how she hides herself behind intricate masks made out of her own hair. The hair – the ultimate symbol of seduction in certain cultures – becomes a veil hiding face and features of the performer. The artist's own

body becomes the material out of which she models references to traditional African sculpture. In *Wild Life* Mwangi presents herself as an animal behind bars, as if she has built her own cage. Her imprisonment seems to be an evocation of the Western fear for darkness and our own instincts. In a more explicit way she deals with this polarization of revealing and hiding in the performance *A Woman in Purdah*. She questions whether or not Islamic women who observe the tradition of Tschador or Burka are really un-free and supressed or whether these garments are just instruments to protect them from the public – male – gaze. No

zustolpern. Mwangis Herangehensweise funktioniert, weil sie die Frage auf das Wesentliche reduziert. Doch sollte man nicht denken, dass Mwangi auf Pathos zurückgreift. Auch wenn ihre Arbeit grundsätzlich dramatisch ist, beinhaltet sie keinerlei Eigenschaften von Verzweiflung oder Aufstand. Sie ist weder bitter noch von Rache inspiriert. In kraftvoller, selbstbewusster, aber nicht kriegerisch aggressiver Art und Weise spricht sie von Leid und Schmerz.

Es wird in einigen Texten nahe gelegt, dass Mwangi ihren eigenen Körper in den Mittelpunkt ihrer Arbeit stellt. Diese Sichtweise ist ein wenig merkwürdig, denn es scheint eher, dass ihr ganzes Wesen – die Gesamtheit ihrer gefühlsmäßigen, geistigen und körperlichen Erfahrungen – den Kern

ihres Handelns bildet. Dabei wird ihre Arbeit zweifellos in großem Maße von ihrer physischen Erscheinung und „Aura" bestimmt. Ihre Performances sind wie feierliche Zeremonien, selbst konzipierte Rituale. Hier zeigt sich ein Paradox: Rituale sind auf der Basis uralter Traditionen ausgeführte Handlungen und Bewegungen, deren Ursprünge und ursprünglichen Bedeutungen häufig ungewiss sind. Sie werden aus dem kollektiven Gedächtnis heraus wiederholt. Die Codes sind unklar. Mwangi entwirft und wiederholt Rituale, die ihrer eigenen persönlichen Geschichte entspringen. Sie ist die Einzige, die die genaue Bedeutung ihrer Bewegungen und Handlungen rekonstruieren kann. Das

one will deny that this is an extremely tricky topic. It is to be doubted that any other artist would be able to pick up this subject without falling into the trap of cultural relativism or eurocentrism. Mwangi succeeds in doing so by stripping the question to the bare essentials. Although one might think so whilst reading these lines Mwangi does not take recourse to pathos. Although it is essentially dramatic, her work has abandoned all characteristics of despair and revolt. It is not bitter nor inspired by a spirit of revenge. She speaks in a powerful and self-confident way about suffering and pain without being militantly aggressive.

In several texts it is mentioned that Mwangi puts her own body at the center or core of her work. That sounds a little strange, it seems more as if her whole being – emotional, intellectual and physical experiences – form the core of what she is doing. No doubt her physical appearance and „aura" determine a large part of her work. Her performances appear to be some kind of solemn ceremonies, self-conceived rituals. There is a paradox there. Rituals are actions and movements, which are performed out of age-old traditions. Most often hardly anyone knows what their original meaning was, how they came into existence. They are re-

Publikum vermag sie kaum zu entziffern. Es kann lediglich von den rätselhaften Gesten und Klängen, die die Künstlerin produziert, verblüfft, erstaunt und entzückt sein.

III. Der Miss-World-Wettbewerb 2002 sollte ursprünglich in Nigeria stattfinden. Letzten November wurden jedoch Straßenkämpfe zwischen Christen und Moslems in Kaduna gemeldet, nachdem provokante Aussagen zu dem Ereignis gemacht worden waren. In Krawallen, die von einem Zeitungsartikel der Journalistin Isioma Daniel ausgelöst wurden, kamen mehr als 200 Menschen ums Leben. Sie hatte angeblich behauptet, dass Mohammed möglicherweise den Wettbewerb gar nicht verurteilt, sondern vielmehr eine der Kandidatinnen geheiratet hätte. Daniel ver-

ließ fluchtartig das Land, nachdem die regionale Regierung von Zamfara Moslems angestachelt hatte, sie zu jagen und zu töten. Der Westen reagierte mit einer ganzen Ladung von Reportagen über Frauenthemen, Zensur und den Konflikt zwischen Christentum und Islam. Wir taten unsere Trauer und unser Bedauern kund und der Wettbewerb wurde nach London verlegt. Miss Turkey – die als in den Niederlanden lebende Muslime ihre Bindestrich-Identität immer wieder betonte – gewann. Ende der Geschichte. Fin.

Mwangi sagt, dass die erschreckende Realität der Vergangenheit und verschiedene Aspekte der gegenwärtigen globalen Lage sie beunruhigen. Sie möchte daher, dass die Rezipienten ihrer Arbeit dasselbe empfinden. Wenn journa-

peated from collective memory. The codes are unclear. Mwangi conceives and repeats rituals, which spring from her own personal history. She is the only one who can reconstruct the exact significance of her movements and actions. The public can hardly decode them. It can only be baffled, stunned and enchanted by the enigmatic gestures and sounds the artist produces.

III. The edition 2002 of the Miss World contest was supposed to take place in Nigeria. Past November we did however witness how Christians and Moslems commenced fighting in Kaduna after some provocative statements were made with regard to this event. More than 200 people got

killed in riots succeeding an article by the newspaper journalist Isioma Daniel who allegedly claimed that Mohammed might have married one of the candidates instead of condemning the competition. Daniel fled abroad after the regional government of Zamfara incited Moslems to hunt her down and kill her. The West reacted with a whole load of articles on women-issues, censorship and the opposition between Christianity and Islam. We expressed sorrow and regret and the show was moved to London. Miss Turkey – who repeatedly stressed her hyphenated identity, being a Moslem who lives in the Netherlands – won. End of story. Fin.

listische Tatsachen oder Ereignisse ihr Kummer bereiten, reagiert sie darauf und vermittelt jene „Be-unruhigung". Anfang der Geschichte. Commencement.

IV. Der Wilde. Der Neger. Der Primitive. Das sind Tabu-Begriffe, die wir – gehemmt durch unsere political correctness und die Angst, Schaden, Kränkung, Verletzung anzurichten – nicht wagen, in den Mund zu nehmen. Mwangi nimmt sie in den Mund, sowohl buchstäblich als auch metaphorisch. Sie spricht sie aus, singt, brüllt und zeigt sie – ohne Scham oder Zurückhaltung. Wir werden an das Videobild eines menschlichen Rückens erinnert, der die relativ frischen Spuren einer Peitsche trägt. Noch nicht zu Narben verheilt, nicht mehr blutig. Zwischenwunden. Auch

wenn man nur bruchstückhafte Geschichtskenntnisse oder wenig politisches Bewusstsein besitzt, wird man bei diesem Anblick sofort an Themen wie Sklaverei und Kolonialismus erinnert. Es ist ein Bild skandalöser Unmittelbarkeit, das nichtsdestotrotz als Metapher wirkt. Für Europäer wie uns, die wir aus Belgien stammen, einem Land, das mehr als fünfzig Jahre lang die Bevölkerung eines afrikanischen Landes eroberte und missbrauchte, sind diese Bilder unerwünscht. Sie erinnern an Fakten und Zahlen, die man lieber vergessen, aus dem Bewusstsein tilgen möchte. Genau das lässt Mwangi nicht zu. Man fragt sich, wie ein von blutiger kolonialer Tradition weniger belasteter Zu-

In one of her statements Mwangi mentioned that the terrible reality of the past and various aspects of the present-day global condition cause her disquiet. As a consequence of that she would like the viewers who look at her work to experience the same sensation. If newsfacts or events cause her distress she reacts on them and tries to transport that "Be-unruhigung". It is the beginning of a story. The start.

IV. The savage. The Negro. The primitive. Those are taboo-words, which we dare not use, being inhibited by our political correctness, our fear to damage, insult and hurt. Mwangi uses them, literally or metaphorically. She speaks,

sings, shouts and shows them – without shame or restraint. We are reminded of the video image of a back, marked by the relatively fresh imprints of a whip. Not yet healed into scars, no longer bloody. In-between wounds. Even those who only have a fragmented historical knowledge or very little political awareness, are immediately reminded of issues such as slavery and colonialism. It is an image with a scandalous directness, which nevertheless functions as a metaphor. For Europeans like us, who were born in Belgium, a country which overturned and abused the population of an African country over a period of more

schauer diese Bilder sehen und deuten würde. Mwangi besetzt beide Seiten. Sie hat afro-europäische Wurzeln, lebt sowohl diesseits als auch jenseits der Grenze. Väterlicherseits gehört sie den „Unglücklichen der Erde" an, mütterlicherseits dem „Lager der Eroberer". Angesichts dieser Hybridität lässt sich nicht in Abrede stellen, dass Mwangis Arbeit vom Diskurs über Geschlecht und Rasse bestimmt wird. So gelangen wir zu einer viel schwierigeren, vielleicht rhetorischen Frage: Ist Ingrid Mwangi eine kenianische Künstlerin, eine kenianisch-deutsche Künstlerin, eine deutsche Künstlerin kenianischer Abstammung oder eine europäische Künstlerin afrikanischer Abstammung und deutscher Staatsangehörigkeit? Ist sie afrikanisch, europäisch oder afro-europäisch? Künstler, die zwischen den Kulturen leben, sind Mode geworden. Ihre so genannten gespaltenen Identitäten sind keine Randbemerkung mehr, sondern ein Verkaufsaspekt. Diese angeblichen Diaspora-Künstler besitzen im Allgemeinen den Ruf des Exotischen und des Vertrauten zugleich. Eine zunehmende Zahl von Kunstkritikern und Kuratoren interessiert sich für das Interkulturelle und Transnationale, und die Arbeit solcher Künstler wird von deren neuen westlichen Heimatländern offen willkommen geheißen – auch wenn die Künstler dafür ein gewisses Maß an linksgerichteter väterlicher Ermutigung in Kauf nehmen müssen. Ihre Arbeit gilt nicht lediglich als Kunst, sondern auch als soziales Statement. Von diesen Künstlern wird also eine ganze Menge erwartet. Sie müssen mög-

48

than fifty years, these images are unwanted. They remind you of facts and figures, which you would like to forget, be unaware of and delete. Mwangi does not allow you to do so. It makes you wonder how a viewer less burdened by a bloody colonial tradition would see and interpret them. Mwangi occupies both sides. She has Afro-European roots, lives in front and behind the divide. From her father's side she belongs to the "Wretched of the Earth", and from her mother's side she belongs to the "Camp of the Conquerors". Taking this hybridity into account, it cannot be denied that Mwangi's work is determined by the discourse of gender and race. This brings us back to a much more difficult, possibly a rhetorical question. Is Ingrid Mwangi a Kenyan artist, a Kenyan-German artist, a German artist from Kenyan descent or a European artist from African descent with the German nationality? Is she African, European or Afro-European? Artists living in between cultures have become fashionable. Their so-called split identity is no longer a marginal thing, it has become a selling point. These alleged Diaspora-artists are generally considered to be both exotic and familiar. As more and more critics and curators get interested in the cross-cultural and the transnational theme, their work is openly welcomed in their new Western homeland – even if this means that they have to tolerate leftist-paternalist encouragements. Their work is not solely considered to be art, it is also seen as a social statement. This

lichst authentisch bleiben, dürfen nicht zu westlich werden, und ihre Arbeiten müssen Bezüge zu Themen wie kultureller Transplantation und Migration enthalten.

Hafid Bouazza, ein holländischer Schriftsteller marokkanischer Abstammung, behauptet, dass der hybride Autor keine größere soziale Verpflichtung als der „reine" hat.[3] Seine „multiple" Identität darf ihn nicht in die Rolle des multikulturellen Sprachrohrs drängen. In den Worten Bouazzas ist die Heimat des Schriftstellers seine Sprache, sein einziger Ausweis sein literarischer Stil. Mit seiner Fantasie als einzigem Instrument bildet er aus den Elementen aller Kulturen, in denen er gelebt hat, eine eigene Kultur.

Dies klingt wie eine Warnung und vielleicht ist es das auch. Versuche nicht, den kapriziösen Schmetterling der Fanta-sie festzunageln! Lasse nicht zu, dass die Arbeit von Künstlern so genannter gemischter Abstammung – Künstlern wie Mwangi – lediglich zu einem interessanten Einblick in die Gedanken und die Welt eines Immigranten wird! Solche Arbeit ist viel mehr als das. Sie ist eine Welt für sich.

1   Alfred Jarry, Ubu Enchaîné (1900), in: Alfred Jarry, Œuvres Complètes, Paris 1972, Bd. 2, S. 452.
2   Hans Belting, Aus dem Schatten des Todes, in: Constantin von Barloewen (Hg.), Der Tod in den Weltkulturen und Weltreligionen, Frankfurt / Main 2000, S. 223.
3   Hafid Bouazza, Beer in bontjas, Boekenweekessay 2001, hrsg. von CPNB, Amsterdam, S. 12.

49

implies that these artists are burdened with expectations. They should remain as authentic as possible, should not allow themselves to become too westernized, and their works should include references to themes such as cultural transplantation and migration.

The Dutch writer Hafid Bouazza – from Moroccan descent – claims that the hybrid author has no more social obligations than the so-called "pure" one.[3] His "multiple" identity should not force him or her into the role of a multicultural mouthpiece. Bouazza states that the only homeland of the writer is his language, his only passport is his style. Out of all the elements of the cultures into which he has lived, he produces his own culture with the imagination as his sole instrument.

This sounds like a warning and maybe it is one. Don't try to pin down the capricious butterfly of the imagination. Do not allow that the work of artists of so-called mixed descent such as Mwangi becomes just that – an interesting perspective into the mind and world of an immigrant. It is much more than that. It is a world in itself.

1   Alfred Jarry, Ubu Enchaîné (1900), in Alfred Jarry, Œuvres Complètes, Paris, 1972, vol. 2, p. 452.
2   Hans Belting, Aus dem Schatten des Todes, in Constantin von Barloewen (ed.), Der Tod in den Weltkulturen und Weltreligionen, Frankfurt / Main, 2000, p. 223.
3   Hafid Bouazza, Beer in bontjas, Boekenweekessay 2001, published by CPNB, Amsterdam, p. 12.

In einem nahezu unbekannten Text beschäftigt sich der Dichter, Poet, Zeichner und Fluxuskünstler Dieter Rot mit der Frage „Warum Wittgenstein ein Asket sein muss und warum der Künstler Dieter Rot kein Philosoph sein kann". Er beantwortet diese Frage ganz entschieden mit dem Satz „Der Fluss des Denkens hat die Form der Haut" und führt dies weiter zu der praktischen Erkenntnis und Einsicht, wonach „Rots Denken um die in seine Haut eingegangenen Dinge herumfließt".[1] Dieser Satz markiert den Unterschied der Subjektpositionen zwischen den Künstlern und den Philosophen, die die Rationalität repräsentieren. Das künstlerische Subjekt kann sich immer dort darstellen und bemerkbar machen, wo es als „anderes Subjekt" hervortritt und seine im ästhetischen Zeigen verwurzelte Logik benutzt, um sich in Differenz zu setzen.

Als Ingrid Mwangi 2000 in Marl für ihr Video *Neger* den 9. Video-Kunst-Preis erhalten hat und im Jahr darauf dort ihre Performance *Coloured* vorstellte, sagte sie über die politische Erfahrung des rassistischen Blicks: „Ladies and Gentlemen. I'm coloured – es brennt mir auf der Haut."[2] In der inzwischen von der Performance isoliert bestehenden Videoinstallation *Coloured*, die auf vier Monitoren mit sich endlos abspulenden Videoloops eine symbolische Spiegelfunktion aufbaut, streicht sich die 1975 in Kenia geborene Künstlerin immer wieder mit ihren Handflächen über Stirn und Wangen. Die Hände reiben das Gesicht, die Bewegung verlangsamt sich. Die reibenden Hände verharren tastend unterhalb der Augen, bis sie seitwärts zu den Wangen wandern. Kurz vor der Bildgrenze, die seit der Renaissance die metaphorische Grenze eines „Fensters zur Welt" beschreibt, nimmt sie die Hände zur Seite und öffnet mit einem kurzen Wimpernschlag die Augen. Ihr Gesichtsausdruck wird ernst und konzentriert sich. Dann erst sehen wir uns auf irritierende Weise Auge in Auge mit ihrem Blick. Die

Der andere Zustand im Sinne einer Umdeutung oder: „Der Fluss des Denkens hat die Form de

"The River of Thought Takes the Form of Skin?" / Gislind Nabakowski

In an almost unknown piece of writing, the poet, draftsman, and Fluxus artist Dieter Rot asks, "Why must Wittgenstein be an ascetic and why can't the artist Dieter Rot be a philosopher?" He answers his question very decisively with the sentence, "The river of thought takes the form of skin", and extends this to the practical recognition and insight that "Rot's thought flows around the things that have gone into his skin".[1] This sentence marks the difference between the subjective positions of artists and philosophers, who represent rationality. The subjective artistic individual can always present himself and make himself noticeable where he steps forward as an "other subjective individual" and uses his own logic, which is rooted in aesthetic displaying, to place himself in difference.

When Ingrid Mwangi received the 9th Video Art Prize in Marl for her video *Neger* in 2000 and, the next year, presented her performance *Coloured*, she described the political experience of the racist glance: "Ladies and Gentlemen, I'm coloured – it's branded on my skin."[2] The video installation *Coloured*, which meanwhile exists separately from the performance, builds a symbolic mirroring function with endless video loops on four monitors. In it, the artist, born in 1975 in Kenya, repeatedly strokes the surfaces of her hands over her forehead and cheeks. Her hands rub her face, and the movement slows down. Her rubbing hands come to an exploratory stop underneath her eyes until they wander sideways to her cheeks. Just before reaching the image's boundary, which since the Renaissance has described the metaphorical boundary of a "window onto the

im Videoloop rastlos fortgesetzte Handlung der Künstlerin – das abtastende Einkreisen ihres Gesichts – ist ein Akt der Selbstvergewisserung, des Trostes und des Schutzes. Sie betastet die Grenzen von innen und außen, vergewissert sich des Innenraums, der sich an der Grenze der Haut vom Außenraum unterscheidet und doch ohne ihn und seine Spezifik nicht sein kann. Der besondere Bewegungsritus der Künstlerin betastet also die Haut als eine allgemeine wie auch subjektive und physische Objektgrenze, als eine nicht zu verdrängende anthropologische Ordnung der Dinge, in die Mwangi ihre gesellschaftlichen Erfahrungen auf künstlerische Weise einfließen lässt. Sie betastet die „dunkle Haut", die in der Geschichte des Rassismus nur den äußeren Grund und Vorwand der „biologischen Gefährdung", der Eliminierung und der „Reinhaltung" gegeben hatte.

Auf dem Boden im Zentrum der Installation *Coloured* steht ein großflächiger, flacher Quader, ähnlich einer Minimal-

Skulptur. Seine erhöhte kistenartige Form symbolisiert die westliche Zivilisation und damit den hegemonialen Anspruch des genormten Überall-auf-der-Welt-Präsentseins. Wie auf einer umgestoßenen, schwarzen Topografie zeigt die Oberfläche in der aufgewühlten Schriftform des Action Painting handschriftlich-malerische Spuren aus roter, kenianischer Erde, die an Blut erinnern. Hier könnte so etwas stattgefunden haben wie ein Massaker, ein Verbrechen oder ein mörderischer Kampf, der nurmehr durch die energetischen Spuren und Reminiszenzen der Symbolik eines toten, verkunsteten Schauplatzes repräsentiert ist. Eine gestisch-theatralische Zurschaustellung in der Art alter Schlachten- oder Historiengemälde. Immer wieder kreisen die Hände der Künstlerin über ihre Wangen und Stirn; daneben klatschen sie in einem anderen Video immerfort auf ihre Schenkelfragmente. Die Hände ruhen auf den Oberschenkeln, bevor sie auf die Schenkel einschlagen. Dieser

world", she takes her hands aside and opens her eyes with a sharp blink of her lashes. Her facial expression becomes serious and concentrated. Only then do we find ourselves disturbingly eye to eye with her glance. The artist's act, unceasingly continued in the video loop – her feeling her way to delimit her face – is an act of self-confirmation, of consolation, and of protection. She explores the boundaries from the inside and the outside. She confirms the interior space that distinguishes itself from the exterior space at the boundary of the skin and that yet cannot exist without that exterior space and its specificity. The artist's particular ritual of movement thus feels out the skin as a simultaneously general and subjective, physical object boundary, as an irrepressible anthropological order of things, into which Ingrid Mwangi artistically lets her societal experiences

flow. She feels out the "dark skin" that, throughout the history of racism, has provided only the external basis and excuse for the "biological threat", for elimination, and for "maintaining purity".

On the floor of the center of the installation *Coloured* stands a broad, flat, square stone resembling a minimalistic sculpture. Its raised, crate-like form symbolizes Western civilization and with it the hegemonial ambition of a normed global presence. As if on a pushed-over, black topography, the surface displays, in the agitated scriptural form of Action Painting, handwriting-like / painterly traces of red Kenyan soil reminiscent of blood. Here something could have happened like a massacre, a crime, or a murderous struggle, now represented only by the energetic traces and reminiscences of the symbolism of a dead, artificial arena.

Ort wird markiert und erhält Bedeutung. Dann wird ein roter Fleck gestreichelt. Der Körper dreht sich, zeigt sich von hinten und von vorn: Seht her, das bin *Ich*. Ich bin eine dunkelhäutige Frau, meine Haut setzt sich aus weißen und schwarzen Pigmenten zusammen. Wie Krallen lassen die Fingerkuppen immer mehr Spuren und Striemen weißer Hautcreme auf ihrem Kopf zurück. Sie werden verwischt und ändern sich, sie werden in einem fort kleiner und größer. Sie zeigen Spuren von Verletzungen und nehmen ein simuliertes, pseudoorganisches Aussehen an. Die rituelle Handlung, der die Künstlerin ihr Gesicht fortwährend unterzieht, hat eine Referenz zu einem autobiografischen Hintergrund von geschichtlicher Erfahrung. Auf diesen bezieht sich die Medienkünstlerin ebenso wie auf vorgefundenes anthropologisches Material, das schon in der Welt war, bevor Ingrid Mwangi begonnen hat, sich damit kritisch auseinander zu setzen: Es gibt in einigen Teilen Afrikas dunkelhäutige Frauen, die chemische Cremes zur Aufhellung ihrer Hautfarbe benutzen, ungeachtet der Tatsache, dass sie aufgrund der wiederholten Anwendung Verbrennungen, Vernarbungen und gefährliche Hautkrankheiten wie Neurodermitis davontragen, weil sich aufgrund einer verinnerlichten Norm und der Praxis der Gewalt des Rassismus das Schönheitsideal so zur begehrenswerten Ideologie verschoben hat, dass weiße Haut gegenüber schwarzer Haut bevorzugt wird. In einem der Videoloops gräbt Ingrid Mwangi ihre dunklen Beine bis über die Fußknöchel in Erde ein. Die Farben von Haut und Erde vermischen sich. Die Hände kommen von oben, betasten die Erde und die Knöchel und machen das zweibeinig stehende Menschenbild durch einen Akt der fototechnisch erzeugten Fragmenttäuschung zum Bild des gehängten Vierbeiners. Das Bild verändert sich und wird poetisch: Die Füße scheinen plötzlich wie über einen Bergrücken zu schweben oder davonzufliegen. Dann beginnt es plötzlich zu leben. Die Füße graben sich in die Erde

A gestural / theatrical exposition in the style of old paintings of battles or historical events. Again and again, the artist's hands circle over her cheeks and forehead; in an adjacent video, they continually clap on her thighs, seen in fragmentary segments. Her hands rest on her upper thighs before slapping. This site is marked and given significance. Then a red spot is caressed. Her body turns, displaying itself from the front and the back: Look, this is *me*. I am a dark-skinned woman; my skin is composed of white and black pigments. Like claws, her fingertips leave behind ever more traces and stripes of white skin creme on her body. These are smeared and change, simultaneously growing smaller and larger. They show traces of injuries and take on a simulated, pseudo-organic appearance. The ritual act to which the artist continually submits her face refers to an autobiographical background of historical experience. The media artist refers to it as well as to found anthropological material that was already in the world before Ingrid Mwangi began to deal with it critically: In some parts of Africa, an internalized norm and practice of racism has shifted the ideal of beauty to an ideology of the desirable to such a degree that white skin is preferred to black skin. There are dark-skinned women who use chemical cremes to lighten their skin color, even though repeated use causes burns, scarring, and dangerous skin diseases like neurodermatitis. In one of the video loops, Ingrid Mwangi buries her dark legs over her ankles in earth. The colors of skin and earth mix. Her hands come from above, feel out the earth and her ankles, and – by means of a photo-technical exchange of image fragments – turn the two-legged image

ein, immer tiefer und tiefer, bis sie darin Halt finden. Der Mensch ist nicht allein. Das nicht. Aber er ist Teil des lebenden Kosmos, das heißt auch: Teil des von ihm herrschaftlich strukturierten Systems der Natur, die er sich unterwirft, auf die er in einem Akt angemaßter Naturhoheit herabblickt. Ingrid Mwangi ändert in ihrer Performance *Coloured* die Form und Richtung des Blicks und der symbolischen Repräsentation. Sie macht den westlichen, anthropologischen Blick auf den Körper der dunkelhäutigen Frau zu einem Fall des Diskutierbaren, Kontingenten, Offenen und Möglichen. Wenn sie sich am Kopf berührt, wenn sie die Gesichtshaut langsam befühlt und abtastet, zeigt sie „den Blick" der anderen auf sich selbst und die Spannungen und Probleme, die sie damit hat, hatte und haben könnte: Die schwarze Haut ist „ihre" Haut und zugleich die objektive Grenze eines nicht endenden Konflikts.

Der Rassismus der letzten Jahrhunderte hat vielfache Praktiken und Technologien erfunden und produziert, mit deren Hilfe er „das Andere", „die Neger, die wilden Afrikaner, die Schwarzen", als die „untere und schlechtere Rasse", als „primitiv" und „animalisch" mordet, verfolgt, ächtet und ausgrenzt. Dazu gehören auch die nicht den realen Tod bringenden Formen, Auswirkungen und Effekte des Übergehens, Schweigens und der Sprachlosigkeit gegenüber dem Rassismus. Besondere Disziplinierungspraktiken des Rassismus setzen allgemein die Souveränität der weißen Welt über die der Schwarzen und Farbigen. Darauf kommt Michel Foucault in seiner Vorlesung „Il faut défendre la société" (In Verteidigung der Gesellschaft, Januar bis März 1976) vor den Hörern des Pariser Collège de France zu sprechen. Diese Praktiken setzen durch den Körper der Schwarzen einen offensichtlichen „Schnitt", der sich in einem Zug auf die Schwarzen als das Begehrte und zugleich Verachtete bezieht. Der auf diese Weise markierte Körper besteht aus einem Teil, der leben, und aus einem Teil, der sterben

of a standing person into the image of a hanging quadruped. The image changes and becomes poetic: The feet suddenly seem as if floating or flying away over a mountain ridge. And then the image suddenly comes alive. The feet bury themselves ever deeper in the earth until they find a hold there. Man is not alone. Not that. He is part of the living cosmos, which also means: part of the system of nature that he has imperiously structured, that he subjugates, and that he oversees in an act of arrogated sovereignty. In her performance *Coloured*, Ingrid Mwangi changes the form and direction of the gaze and of the symbolic representation. She makes the Western, anthropological view of the body of the dark-skinned woman into a case of the discussible, the contingent, the open, and the possible. When she touches her head, when she slowly feels out the skin of her face, she shows the others' "gaze" at her and the tensions and problems she has, has had, and could have with it: The black skin is "her" skin and at the same time the objective boundary of an unending conflict.

The racism of the last centuries has invented and produced a number of practices and technologies to assist in murdering, persecuting, ostracizing, and excluding "the other", "the Negroes, the wild Africans, the blacks" as the "lower and inferior race", as "primitive" and "animalistic". This includes those forms and effects of ignoring and not speaking about racism that do not literally kill. Particular disciplining practices of racism constitute the general sovereignty of the white world over the blacks and coloreds. Michel Foucault spoke to his listeners at Paris' Collège de

soll.[3] Michel Foucault bezieht seine Beobachtungen zum Rassismus nicht auf einen bestimmten Staat, sondern er spricht verallgemeinernd vom Rassismus in den westlichen Gesellschaften. Der Rassismus hat als funktionstüchtige „Bio-Macht" (Foucault) diese Bedingungen geschaffen, um sich das Recht zu erobern, andere in den Tod zu schicken.

Der durch Rassismus produzierte Tod ist in dieser Diskursanalyse des psychoanalytisch geschulten Historikers und Philosophen Michel Foucault, der die Systeme von Subjekt und Wahrheit sowie die Konstitution von Erfahrung und ihre Funktionsweisen erforscht, nicht ausschließlich der brutale und reale Tod, sondern es sind seine vielen Formen, Auswirkungen und Effekte des Übergehens und des Verschweigens von Rassismus. Dieses Recht hat der Rassismus raffinierterweise mit Macht- und Kontrollwissen ausgestattet; denn er hat es im Übrigen auf der gesamten sichtbaren Oberfläche angesiedelt und auch an sein System von Technologien gebunden. Da sich die Haut und die Oberflächen der Sichtbarkeit kaum verändern und die Technologien sich fortentwickeln, hat sich – als ein besonderer, moderner Machttypus – der Rassismus in Dispositive und deren Effekte infiltrieren können, die eine große Chance auf Fortbestand haben. Ein Machttypus, der sich vor allem auch deshalb als gierige westliche „Lebensmacht" äußert, weil er „das Körperliche" und mit ihm „das Biologische" und das, was er in einem tiefsitzenden Anachronismus noch immer als essentialistisch ansieht, also „das Weibliche", als feindlich einstuft, unterwirft und angreift.

Die Installation Coloured von Ingrid Mwangi, die aus einer Bodenskulptur und einer großen zentralen Wandprojektion

France about this in his lecture "Il faut défendre la société" (In Defense of Society, January to March 1976). These practices make an obvious "cut" through the body of the blacks; the cut simultaneously aims at blacks as the desired and as the contemptible. The body marked in this way consists of one part that lives and one part that is supposed to die.[3] Michel Foucault's observations on racism are not aimed at a particular state; rather, he generalizes about racism in Western societies. As a smoothly functioning "bio-force" (Foucault), racism has created these conditions in order to seize the right to send others to their deaths.

The psychoanalytically trained historian and philosopher Michel Foucault researches the systems of the subjective individual, truth, and the constitution of experience and its mode of functioning. In his analysis of discourse, death produced by racism is not exclusively brutal and literal death, but rather its many forms and effects of ignoring and remaining silent about racism. Racism has slyly provided this system of law with knowledge for power and control; for it has also settled it on the entire visible surface and bound it to its system of technologies. Since the skin and the surfaces of visibility hardly change, while the technologies continue developing, racism – as a specific, modern type of power – has been able to infiltrate into dispositives and their effects, which have a good chance of surviving. A type of power that expresses itself as the greedy Western "power of life" primarily because it categorizes, subjugates, and attacks as hostile "the corporeal" and with it "the biological" and what, in a deep-seated anachronism, it still views essentialistically as "the female".

sowie aus vier Monitoren mit Videoloops von je 13 Minuten Spieldauer besteht, ist wie eine große elektronische Raumskizze angeordnet, die sich situativ zu den bewegten Bildprozessen und Raumperspektiven immer wieder neu organisiert und desorganisiert. Hier werden die Grenzen des weiblichen Körpers verschoben, und auch er selbst verschiebt seine Grenzen. Dabei wird Ingrid Mwangis ästhetische Absicht deutlich, die visuellen Technologien nicht als neue Herrschaftsformen einzusetzen. Die Objektivierung des Subjekts zu technologisch messbaren Bildspektakeln wird von ihr immer wieder unterlaufen und konterkariert. Das emanzipierte Modell einer für den Betrachter repräsentierten Außenwelt kann nicht vollständig in die neuen Herrschaftsmodelle der „Technologie des Individuums" integriert werden.[4] Es kann also kaum gelingen, die subversive und simultane Komplexität der vielen medialen Bild- und

Textebenen von *Coloured* festzuhalten. Die Identität löst sich auf in das nicht-identische Fließende und auch in Wandelbares.[5]

Es wäre interessant, in Abgrenzung hierzu die Identitätsfrage von Weiblichkeit zu diskutieren. Dazu könnten sich verschiedene Modelle, auch kultur- und mediengeschichtliche Bilder eignen. Eine Aufnahme der dokumentarisch arbeitenden Fotoreporterin Inge Morath heißt „The Perfect Eyebrow". Es ist eines jener Bilder, das gegen Ende der 50er-Jahre im Kontext der Serie „Beauty Class Helena Rubinstein Salon Fifth Avenue" entstanden ist, als die an einem erklärten Humanismusmodell orientierte Reporterin gemeinsam mit Henri Cartier-Bresson im Auftrag der aufstrebenden Pariser Bildagentur Magnum nach New York kam.[6] Lässig spreizt ein Mann mit den spitzen Fingern seiner linken Hand die geschminkte Augenbraue eines jungen, auf jeden Fall weißen Fotomodells. Genau betrachtet,

55

Ingrid Mwangi's installation *Coloured*, which consists of a sculpture on the floor and a large central wall projection as well as four monitors with video loops lasting 13 minutes each, is arranged like a large electronic sketch of the space that constantly reorganizes and disorganizes itself in relationship to the moving processes of images and spatial perspectives. Here, the boundaries of the female body are shifted, and this body itself shifts its boundaries. Ingrid Mwangi's aesthetic intention thereby emerges: not to use the visual technologies as a new form of domination. She repeatedly undermines and counters the objectification of the subjective individual as technologically measurable image spectacles. The emancipated model of an exterior world represented for the viewer cannot be completely integrated in the new dominating model of the "technology of the individual".[4] So it is hardly possible to pin down the

subversive and simultaneous complexity of the many levels of media images and texts of *Coloured*. Identity dissolves into non-identical flowing and also into the changeable.[5]

It would be interesting to discuss the question of the identity of femaleness in distinction to this. Various models and cultural-historical and media-historical images could be suitable here. One picture by the photo reporter Inge Morath, who worked documentarily, is titled "The Perfect Eyebrow". It is one of the pictures created in the context of the series "Beauty Class Helena Rubinstein Salon Fifth Avenue" at the end of the 1950s, when the reporter, who declared her adherence to a model of humanism, came along with Henri Cartier-Bresson to New York, commissioned by the rising Paris photo agency Magnum.[6] Nonchalantly, the extended fingers of a man's left hand spread the made-up

zieht er die Augenbraue mit einem Finger nur etwas empor, um sie zwischen zwei Fingern zu rahmen, und durch diesen Akt eine bereits messbare „Perfektheit" als Detail eines weißen, weiblichen Körpers *noch besser vorzuführen* und *sichtbar zu machen*. Diese spektakuläre Geste des stehenden Mannes teilt das vorgeführte Gesicht der statuarisch sitzenden Frau in zwei nicht identische Hälften. Das exponierte Gesicht ist eine stumme, jedoch nicht nur für sich allein sprechende Maske, die fast nur durch die her-

rische Choreografie von außen bewegt wird. Aus diesem Gesicht spricht kein Subjekt mit uns, sondern eine ganze Gesellschaftsordnung. Das Thema auffallend vieler Fotografien von Inge Morath ist die körperliche Selbstkontrolle der Modelle. Sie entlarven den der Kultur des Westens eingeschriebenen Kampf um das sogenannte „weibliche" Schönheitsideal als einen Akt der Dressur.

Ingrid Mwangi fokussiert in den vier raumgreifenden Monitoren ihrer Installation *Coloured* den Blick parallel und simultan auf den Kopf, den Rücken, die Oberschenkel und zuletzt die Füße. Ausgespart aus der großen, in vier Fragmenten dargestellten Video-Inszenierung bleibt ein Blick auf die weiblichen Genitalien. Mit dieser als existent inszenierten Leere und Abwesenheit wird auf die korrespondierenden Begriffe Primitivismus / Weiblichkeit / sexuelles Begehren verwiesen, jene kulturelle Fiktion also, mit der

eyebrow of a young, definitely white photo model. Viewed precisely, he merely pulls the eyebrow upward with one finger in order to frame it between two fingers and, by means of this act, to *present even better* and to *make visible* an already measurable "perfection" as a detail of a white, female body. This spectacular gesture of the standing man divides the presented face of the woman, who sits like a statue, into two, non-identical halves. The presented face is a silent mask that nevertheless speaks for more than itself; it is moved almost solely from the outside through a chore-

ography of power. No subjective individual, but a whole order of society speaks to us from this face. The theme of a conspicuously large number of Inge Morath's photographs is the models' bodily self-control. They expose the struggle, inscribed in Western culture, over the so-called "female" ideal of beauty as an act of dressage.

In the four space-encompassing monitors of her installation *Coloured*, Ingrid Mwangi focuses the gaze in parallel and simultaneously on the head, the back, the upper thighs, and finally the feet. A glimpse of the female genitalia remains excluded from the large video staging, which is presented in four fragments. This emptiness and absence, staged as existing, points to the corresponding terms – primitivism, femaleness, sexual desire – i.e., the cultural fiction with which Western modern art, from Gus-

die Kunst der westlichen Moderne von Gustave Courbet („L'Origine du Monde", 1866) über Pablo Picasso („Les Demoiselles d'Avignon", 1907) bis hin zu Marcel Duchamp („Étant donnés ...", 1947 – 1966) und vielen anderen mehr so vortrefflich auf den verborgenen Klaviaturen der Blick- und Repräsentationsbeherrschung der weiblichen Passivität zu spielen vermocht hat.

Der Westen und die Kunstformen *seiner* Moderne haben vielfach – und hier nicht dargestellt – insbesondere in schönen Meisterwerken die applaudierende Kunstwelt nicht nur einmal auf den außer- oder vor-geschichtlichen „weiblichen Ursprung" verwiesen. Das in diesen kunstvoll ästhetisierten Meistermythen oft chauvinistisch favorisierte und dominante Geschichtsmodell, das vorgibt, dass das „Primitive" ebenso beinahe immer das ist (und war), was in einem eklatanten Modernisierungs-Rückstand lebt (oder lebte), verweist noch immer auf diese besondere und kalkulierte Dialektik, die nicht frei ist von einem auch in die Optik der Kunst des Westens versenkten, sexualisierten Machtanspruch. Dort ist die Differenz nicht nur eine Differenz der Farben und Rassen, sie ist implizit auch eine Hierarchie der Differenz der Geschlechter.

In der zentralen Filmprojektion von *Coloured* operiert Ingrid Mwangi mit einer Praxis der Verräumlichung. Sie multipliziert, variiert und reproduziert darin das Bild von sich als ein diskursives und in Sprache und Bilder gebündeltes. Dort werden in einer zugeordneten Projektion die schon erwähnten Video-Spiegelbilder zu einer weiteren medialen Gestalt zerbrochen. Es gibt hier rechts die Projektion einer aus vier Fragmenten sowie aus elektronisch erzeugten, auch synthetisch-farblichen (bläulich, grünlich usw.) Veränderungen zusammengesetzten filmischen „Körperfigur", die Ingrid

tave Courbet ("L'Origine du Monde", 1866) through Pablo Picasso ("Les Demoiselles d'Avignon", 1907) to Marcel Duchamp ("Étant donnés ...", 1947 – 1966) and many others, was able, through the gaze and representation, to play with such virtuosity on the hidden keyboards of the domination of female passivity.

The West and the art forms of *its* modernism, especially in beautiful masterpieces, have often referred the applauding art world to the extra-historical or prehistoric "female origin" (not shown here). The model of history often chauvinistically favored and dominating in this aestheticizing master myth, which asserts that the "primitive" is (and was) almost always what lives (or lived) in a conspicuous lack of modernization, still points to this peculiar and calculated dialectic, which is not free of a sexualized claim to power that is also suffused in the optics of Western art. There, the difference is not only one between colors and races, it is implicitly also a hierarchy of the difference between the sexes.

In the central film projection of *Coloured*, Ingrid Mwangi operates with a practice of spatialization. She multiplies, varies, and reproduces the image of herself as something discursive and bundled in language and images. There, in an allotted projection, the video mirror images already mentioned are broken into another media shape. On the right is the projection of a cinematic "body figure" that could be named Ingrid Mwangi, put together from four fragments as well as from electronically created and synthe-

Mwangi heißen könnte. Diese Projektion ist eine graduell andere Abstufung und gezielte Verschärfung der in den vier beschriebenen Videoloops gezeigten Bilder. Für diese Transformation benutzte die Künstlerin den Körper und die Verfahrensweisen der Technologie wie ein spektrales Bildarchiv, das elektronisch aufgepeppt, anonym und global und popcodiert bleibt. Dieses Körperfragment besteht aus anthropomorphen, aufrecht konstruierten Fragmenten, hier auch erneut von vier einzelnen Körperabschnitten, die sich nicht zu einem Bild fügen, sondern sich ständig ineinander verschieben.

Die Performance mit dem Titel *Coloured* – als ästhetischer Vorgang eines medialen Entwurfs – ist eine Art Ventil, eine strukturierte und narrative theatralische Erzählung. Ihre Absicht ist es, dem auf den Körper der schwarzen Frau abzielenden Fetischismus mit einem artikulierten Wider-

spruch und mit subversiver Komplexität zu begegnen. Vielleicht entspricht der performative Teil des Projekts dem alternativen Modell der im Theater ausagierten Katharsis. In der in diese Installation integrierten Filmprojektion nämlich agiert Ingrid Mwangi außerdem als Person in ganzer Größe. Hier sieht man sie, wie sie die Performance ausübte, quasi als soziale Akteurin in der Rückblende, lebensgroß auf der Bühne, die sie danach als Relikt und Minimalobjekt mit den transformierten und überarbeiteten Spuren von Action Painting und Minimal Art in den Raum stellte.

Später fasste sie selbst die Performance im Präsens in folgenden Worten zusammen: „Ich stehe knapp vor der Projektion, auf einer speziell konstruierten Bühne von 1,80 m × 2,80 m aus sehr dunkel gebeiztem Holz. Ein beidseitig geöffneter Hohlraum der doppelbödigen Bühne sorgt dafür, dass alle Geräusche, die meine Bewegungen auf dem Holz erzeugen, verstärkt in den Performance-Raum hineinklin-

tically-colored (bluish, greenish, etc.) changes. This projection is a slightly different degree and intentionally intensification of the images shown in the four video loops we have described. For this transformation, the artist uses the body and the procedures of technology like a spectral picture archive that, electronically pepped up, remains anonymous, global, and coded in terms of pop. This body fragment consists of anthropomorphic, erectly constructed fragments, here also renewed by four individual segments of the body that do not compose an image, but constantly slide into each other.

As the aesthetic process of a media design, the performance with the title *Coloured* is a kind of safety valve, a structured and narrative theatrical tale. Its intent is to con-

front the fetishism aimed at the body of the black woman with an articulated objection and with subversive complexity. Perhaps the performative part of the project corresponds to the alternative model of the catharsis acted out in the theater. For in the film projection integrated in this installation, Ingrid Mwangi also acts as a full-sized person. Here one sees how she carried out the performance, so to speak as a social actor in a flashback, life-sized on the stage, which she then places in the space as a relict and minimalistic object with the transformed and reworked traces of Action Painting and Minimal Art.

Later she herself summarized the performance in the present tense in the following words: "I stand just in front of the projection on a specially constructed, 1.80 m × 2.80 m

gen. Die Bühne wird somit zu einem Instrument, das ich bediene und auf dem ich spiele. Ich stehe und konzentriere mich. Danach fange ich an zu wippen, vor und zurück, soweit wie es geht, bis ich das Gleichgewicht verliere und falle. Langsam lasse ich Geräusche durch meine Stimme entstehen. Ich schnaufe und stöhne. Ich schreie. Zitternd winde ich mich. Ich lasse meine Haut quietschend über die Bühne schleifen, trommle mit Händen und Füßen, kratze und stampfe. Ich schlage auf die Bühne ein. Ich flüstere und fluche. Dazwischen werde ich still. Ich lausche, summe und atme aus."[7]

Das Bild als Repräsentation: Sie betritt den Raum, deckt das Fragment ab, an dem sie senkrecht schnell vorbeiläuft. Sie wirft sich zu Boden. Ingrid Mwangi, die bei Shelley Hirsch mit ihrer Stimme als Klangmaterial arbeitete und experimentierte, bei der New Yorker Voice-Performerin, die sie in die Möglichkeiten der erweiterten Stimmtechniken

eingeführt hat, beginnt Laute zu erzeugen. Diese Laute sind mit nichts vergleichbar, erinnern aber an vieles. Es sind Gesang und Geräusche. Sie kommen in langen Passagen und Tönen wie aus einem rhythmisch aufgebauten, abstrakten Raum. Aus musikalischen Klagelauten, deren Phonetik sich ständig wandelt, tritt sie zuletzt in voller Körpergröße hervor. Sie erhebt sich, steht auf und wird groß. Sie wirft sich zu Boden, stützt beide Arme kräftig auf, als wollte sie Liegestütze machen, zeigt den Körper seitlich im Profil, dreht den Oberkörper und wendet den Kopf, öffnet den Mund und zeigt ihre Zähne. Sie faucht. Sie dringt damit in den Raum der Vorurteile ein und konterkariert den rassistischen Blick der weißen Gesellschaften, die mit vielen ihrer (ir)rational codierten Verfeinerungsformen (wie z. B. Wissenschaft, Kunst, Mode, Lifestyle, Medien usw.) auf schwarze Frauen als „wilde und exotische Tiere" geblickt

stage made of very darkly stained wood. A hollow space, open in both directions, in the double-bottomed stage ensures that all the sounds caused by my movements on the wood are broadcast, amplified, into the performance space. The stage thus becomes an instrument I use and on which I play. I stand and concentrate. Then I begin to sway back and forth as far as I can until I lose my balance and fall. Slowly I let my voice produce noises. I snort and moan. I shout. I writhe, trembling. I drag my skin squeaking across the stage, drum with my hands and feet, scratch, and stomp. I pound on the stage. I whisper and curse. Intermittently, I fall silent. I listen, hum, and exhale."[7]

The picture as representation: She enters the room, uncovers the fragment, walking swiftly and erectly past it. She throws herself onto the ground. Ingrid Mwangi (who worked

and experimented with her voice as sound material together with Shelley Hirsch, the New York voice performer who introduced Mwangi to the possibilities of expanded voice techniques) begins to create sounds. These sounds are not comparable to anything, but they recall many things. They are song and noises. They come in long passages and tones, as if from a rhythmically constructed, abstract space. Finally she emerges, life-sized, from musical sounds of lament whose phonetics she constantly changes. She rises, stands up, and is large. She throws herself to the floor, pushes herself up on both arms as if she wanted to do push-ups, shows her body in profile, turns her upper body and her head, opens her mouth, and shows her teeth. She snarls. She pushes into the realm of prejudices and

haben und in der „postkolonialen Gesellschaft" keineswegs damit aufhören. Die Künstlerin bezeichnet diese Erfahrung der in der Öffentlichkeit und in den Privatsphären existenten Schaulust der modernen Gesellschaften auf ihren Körper als ihren „Kulturschock". Ein besonders neuralgischer Punkt für sie ist dabei, im Sinne des Kolonialismus als „exotische Frau" mit dem meist romantisch mystifizierten Reiz des „fremden Anderen" überhöht betrachtet zu werden.

Die Installation *Coloured* operiert mit der Frage und dem um diese Frage zentrierten oder kreisenden Ansatz „Wie lässt sich dieser Blick darstellen und inszenieren? Welches ist sein geschichtlicher und sozialer Raum? Wie lässt er sich zeigen, verwenden und umformen?". Man könnte hinzufügen: „Wie lässt sich der Vorgang des Zeigens intelligent als ein souveräner Akt darstellen und umkehren?".

Darum vermittelt *Coloured* auch die zerstreute Vielgestaltigkeit der Perspektiven des Blicks auf die dunkelhäutige Frau / Künstlerin, insbesondere als die eines Blicks auf ihre dunkelfarbige Körperhaut, die sie in ihrer Installation nicht als unveränderbare Hülle darstellt. Das Körperbild wird nämlich in einer ganzen Pigmentpalette des möglichen Dunkelhäutigen konstruiert, das – von Monitor zu Monitor – graduell immer heller wird, aber gleichzeitig dunkel bleibt. Es geht vielmehr darum, für ihre Absichten Zeichen, Figuren, bewegte Strukturen und Beziehungen zu finden. Es gibt dabei im Wechselspiel des antwortenden Blicks der Künstlerin auch schon mal ein Echo von Angst: „Ich kann nicht aus meiner Haut heraus. Ich suche nach Darstellungsmöglichkeiten und Bildern zu der empfundenen Eingegrenztheit angesichts des stereotypen Denkens und der gegen mich vorgebrachten Reduktion auf Exotik."[8]

60

counters the racist glance of white societies that, with many of their (ir)rationally coded forms of refinement (like science, art, fashion, lifestyle, media, etc.), have looked at black women as "wild and exotic animals" and have in no way stopped doing so in the "postcolonial society". This experience of modern societies' existing desire in the public and private spheres to see her body as a show is what the artist calls her "culture shock". An especially neuralgic point in this for her is to be colonialistically viewed in glorified fashion as an "exotic woman" with the usually romantically mystified appeal of the "alien other".

The installation *Coloured* operates with the question and the approach centered on or circling around the question "How can this glance be depicted and staged? What is its historical and social space? How can it be shown, used,

and transformed?" One could also add: "How can the process of showing, as an autonomous act, be intelligently depicted and reversed?" This is why *Coloured* also conveys the diffused multiplicity of the perspectives of the glance at the dark-skinned woman / artist, especially as that of a glance at the dark-colored skin of her body, which she does not present in her installation as an unchangeable husk. The image of the body, namely, is constructed in a whole palette of pigments of possible dark-skinnedness that, from monitor to monitor, becomes lighter by degrees, while remaining dark at the same time. The point is much more to find signs, figures, moving structures, and relationships for her intentions. In this, there is an interplay of the artist's answering glance and sometimes also an echo of fear:

In der westlichen Gesellschaft gelten die Haare, wohl auch wegen ihrer exponierten Stellung auf dem Kopf, ihrer materiellen Verformbarkeit und spielerisch wandelbaren Gestaltung ganz besonders als Kennzeichen für Subjektivität und Individualität. Doch nicht nur dort, und nicht nur dort allein sind sie es. Ingrid Mwangi erfuhr, kennt und erlebt beide Kulturen. Sie lebte bis zu ihrem 15. Lebensjahr in Kenia, dem Land, in dem sie als Tochter einer Deutschen und eines Kenianers 1975 geboren wurde. Deshalb findet sich häufig in Ingrid Mwangis Videobildern der Verweis auf die afrikanische Haarkultur wieder, die sie, wie zum Beispiel auch schon mit öffentlichem Bekanntheitsgrad im Video *Neger* in vielfacher Weise zu wandelbaren Masken um ihr Gesicht strukturiert, bindet, wickelt, flicht und bündelt, durch deren einäugige Öffnung sie einen kurzen Blick auf

die Betrachter zurückwirft. Die dem Video an dieser Stelle unterlegten Geräusche geben den Bildern eine surreale Atmosphäre, sie verwandeln die Maske kurz in einen „Bienenstock". Ingrid Mwangi erzählt präzisierend: „In einer Bildeinstellung schaue ich aus der kleinen Öffnung, dann hört man ein Geräusch wie das Summen von vielen Bienen. Ich zucke kurz, das Bild zoomt ein; und dann springt das Loch ganz zu (Umschnitt zur Aufnahme der gleichen Maske, die aber meine Augen ganz bedeckt), wie eine Reaktion auf eine Bedrohung."[9] Ingrid Mwangi schreibt dazu weiter: „Aufgewachsen zu sein in Kenia bedeutete, sich in einer Kultur zu befinden, in der man sich sehr intensiv mit Haaren beschäftigt: Das Frisieren und Flechten, sowie die verschiedensten Arten der chemischen Behandlung wie Glätten und Bleichen werden mit viel Zeit, Geduld und Fantasie

61

"I can't get out of my skin. I seek possibilities of depiction and images of the felt limitation in the face of stereotyped thinking and the reduction to exoticism fielded against me."[8]

In Western society, hair is considered a special badge of subjectivity and individuality, probably because of its prominent position on the head, its material plasticity, and its playfully changeable shape. But it is so not only in the West. Ingrid Mwangi has lived in, knows, and experiences both cultures. Until she was fifteen, she lived in Kenya, where she was born in 1975, the daughter of a German mother and a Kenyan father. This is why Ingrid Mwangi's video images often point to African hair culture, which she structures, binds, wraps, braids, and bundles in many ways to changeable masks around her face, for example with a de-

gree of public recognition in the video *Neger*. Through the one-eyed opening in her hair, she casts a brief glance back at the viewer. The sounds underlaid in this passage of the video give the pictures a surreal atmosphere, transforming the mask briefly into a "beehive". Ingrid Mwangi clarifies this: "In one shot, I look out of the small opening; then one hears a sound like the humming of many bees. I briefly twitch, the camera zooms in, and then the hole flaps shut (cut to a shot of the same mask, but this time covering both my eyes), like a reaction to a threat."[9] Ingrid Mwangi writes further: "To have grown up in Kenya means being in a culture in which one is intensely concerned with one's hair: a great deal of time, patience, and imagination are put into cutting it and braiding it as well as the most various ways of chemically treating it, for example straightening it and

praktiziert. Auch ich habe mich viele Stunden in meiner Kindheit mit der Formbarkeit und Beschaffenheit meiner Haare auseinander gesetzt; und es liegt sehr nahe, mich heute in meiner Arbeit dieses Materials zu bedienen. So findet sich auch in der neuesten Arbeit *Your Own Soul* der Verweis auf die afrikanische Haarkultur wieder. Hierbei wird die Frage nach Freiheit und Selbstbestimmung gestellt."[10] Gerade die besondere Formbarkeit der Haare zu Strukturen, die Prozeduren von Glätten, Aufhellen und Bleichen, verstanden als ein Akt des Umformens und rückverwandelnden Wiederherstellens, und die Möglichkeit, daraus bizarre Volumen zu bilden, immer wieder veränderbare Formen zu entwickeln, war als Muster von Kindheit nicht allein eine mimetische Annäherung oder Abstoßreaktion an die oder gegen die rassistischen und sexistischen Kul-

tursterotypen der Gesellschaft der Weißen, sondern auch ein Umgang mit den Erfahrungen von Rassen- und Geschlechterdifferenz und deren Symbolik.

In einem der vier Monitore von *Coloured*, die an der linken Wand des Raumes frei von unterhaltsamen Körperposen eine symbolische Spiegelfunktion übernehmen, verdeckt die Künstlerin immer wieder mit ihren überkreuzten Armen ihre Brüste, die durch den dominanten Blick in der westlich-patriarchalen Kultur zu primären Geschlechtsattributen gestempelt sind. Auf diese Weise erzeugt sie nicht allein das widerspruchsvolle und eindeutige Bild von Verweigerung angesichts konsumierbarer, weiblicher Genderattribute. Denn es entstehen hier auch fortwährend frontale, sehr abstrakte Bilder ihres Körpers, auf denen ihr Gesicht nicht zu sehen ist. Dann dreht sie ihren Oberkörper, und sie zeigt ein abstrahiertes Bild ihres Rückens, das den ganzen Mo-

62

bleaching it. I, too, spent many hours in my childhood dealing with the plasticity and consistency of my hair. And it seems a short step for me to use this material in my work today. Thus, my newest work *Your Own Soul* also points to African hair culture. And this poses the question of freedom and self-determination."[10] Precisely hair's special susceptibility to being shaped into structures – the procedures of straightening, lightening, and bleaching, understood as an act of transforming and restoration, the possibility of forming bizarre volumes from it, and of developing repeatedly changeable forms – was, as a childhood pattern, not solely a mimetic approach to or rejection of the white society's racist and sexist cultural stereotypes, but also a way of dealing with the experience of race and sex differences and their symbolism.

In one of the four monitors of *Coloured*, which assume a symbolic mirroring function on the left-hand wall of the room, without any entertaining body poses, the artist repeatedly crosses her arms to cover her breasts, which the dominant glance in Western patriarchal culture have labeled primary sex characteristics. In this way, she not only creates the contradictory and clear image of refusal in the face of consumable female gender attributes. For here a continuing frontal, very abstract image arises of her body, on which her face cannot be seen. Then she turns her upper body and shows an abstracted image of her back that fills the entire monitor. She turns her back on the viewer. For a short time, scars become visible that look like the traces of lashes from a whip; then they disappear. The pathos of the

nitor ausfüllt. Sie dreht den Rücken dem Betrachter zu. Für eine kurze Zeit werden darauf Narben sichtbar, die aussehen wie Spuren von Peitschenhieben und auch wieder verschwinden. Das Pathos des Physischen, Leiblichen, das hier erscheint, erhält für eine Weile wie in der Kunst der Moderne eine Ausrichtung auf Bedrohliches und wird dann wieder abgeschwächt. Diese Zeichnungen sind ein digitaler Transport des Bildes von Narben von einem anderen, ungenannten Teil ihres Körpers in diese Bildebene. Der Einfluss von Medialität, Naturwissenschaft, Technologie, Digitalisierung und ein Kampf gegen die Trivialität der massenmedialen Pop-Art ist an ihrem Werk *Coloured* als netzethische Position direkt abzulesen.

Die Identität, richtiger gesagt: der existenzielle Konstruktivismus, an dem die Künstlerin somit arbeitet, ist eine Art moralisch-ethischer Selbstentwurf. Dieser existenzielle

Konstruktivismus, mit dem sie ihr Selbst und auch ihr bildnerisches Alter Ego entwirft, ist konstituierend für die Gesamtheit ihrer künstlerischen Projekte. Immer befindet sich Ingrid Mwangi als Medienkünstlerin in einer Drehbewegung der Auslotung von Fragen zwischen der Gesellschaft der Schwarzen und der der Weißen, ebenso auch zwischen der Identität einer schwarzen und einer weißen Frau. Ihre Position ist nie eindeutig auf einer einzigen Seite. Es geht Ingrid Mwangi eher um eine Horizontverschmelzung.

In einem anderen Bildmoment dieses Videoloops werden ihre Haare über der Wirbelsäule zu einer feinen Linie, die wie eine dunkel fließende Zeichnung – dunkler als die dunkelhäutige Haut – die Senkrechte des Körpers bewusst markiert. Wie in den anderen drei Videoloops dreht sich der Körper dann wieder zur medial-repräsentativen „Schausei-

physical, the corporeal, that appears here receives for awhile, as in modern art, an orientation toward the threatening and is then moderated again. These drawings are a digital transporting of the image of scars from another unnamed part of her body onto this image level. The influence of media, science, technology, digitalization, and a struggle against the triviality of mass-media pop art can be directly read as a network-ethical position from her work *Coloured*.

The identity, or more precisely, the existential constructivism on which the artist is thus working is a kind of moral-ethical self-design. This existential constructivism, with which she designs herself and also her pictorial alter ego, is constitutive in all of her artistic projects. As a media

artist, Ingrid Mwangi is always in a turning motion of plumbing questions between the society of the blacks and that of the whites, as well as between the identity of a black and a white woman. Her position is never unambiguously on only one side. Ingrid Mwangi is more interested in fusing the two horizons.

In another momentary image of this video loop, her hair over her spine becomes a fine line that, like a flowing drawing darker than her dark skin, consciously marks the verticality of her body. As in the other three video loops, her body then turns back to its media-representational "show side" and displays the crossed arms over the once again concealed female breasts. The installation goes beneath this surface and shows the technologic of a spatial construction in coordinates that shift and demonstrates at the same

te" zurück und zeigt die überkreuzten Arme über den erneut verborgenen weiblichen Brüsten. Die Installation geht unter diese Oberfläche und zeigt die Technologik einer Raumkonstruktion in sich verschiebenden Koordinaten und sie zeigt zugleich, dass Identität kein fest definierter Begriff ist, sondern ein bewegter Prozess, der sich überhaupt erst verändern, verwandeln und darstellen kann, allein, weil er sich im Blick der Anderen spiegelt. BetrachterInnen der Installation bewegen sich wie in einem dreidimensionalen Koordinatenwürfel, in dem sich für sie an keinem Ort das triumphale Bewusstsein einstellt, gleichzeitig die ganze Installation wahrzunehmen oder durch den Blick beherrschen zu können. Zwar ist dieser Raum perspektivisch konstruiert, doch während man immer auch angehalten ist, als eine vierte Dimension die von Zeit wahrzunehmen, entzieht er an jedem Ort den Blick auf das Ganze. Es werden immer

wieder Sperren eingebaut, die Performance oder die Installation *Coloured* willkürlich zu konsumieren. Das Thema der Ego-Pluralität, das die Medienkünstlerin darstellt, lässt sich nicht akademisch einsortieren. Es werden vor allen Dingen Fragen gestellt, Erkundungen angestellt, Situationen, Zustände und Prozesse in bewegten Bildprozessen ausgebreitet und nur wenige Antworten gegeben.

Der reflexive Zugang zur Installation erschließt sich für BetrachterInnen auch über ihre Gefühle und Emotionen sowie durch ihre eigene, temporäre Bewegung und die daraus resultierenden Relationen wie zum Beispiel Nähe und Ferne. Die Betrachtenden befinden sich im Raum, der sich allerdings nie als ein sie utopisch oder apokalyptisch vereinnahmender, simulierter Illusionsraum eines Spektakels wahrnehmen lässt – ganz im Gegensatz zu vielen der durch die Neuen Medien elektronisch generierten Räume. Auch

64

time that identity is not a firmly defined concept, but rather a moving process that is able to change, metamorphose, and depict itself only because it is mirrored in the glance of the others. Viewers of the installation move as if in a three-dimensional coordinate cube, in no part of which can they be triumphally conscious that they perceive the entire installation at once or that they can dominate it with their glance. This space is perspectively constructed, but while one is always admonished to perceive time as a fourth dimension, the view of space as a whole eludes the glance in every spot. Again and again, obstacles against arbitrarily consuming the performance or installation *Coloured* are built in. The theme of ego plurality that the media artist presents cannot be academically sorted out. Above all, ques-

tions are posed, inquiries begun, situations, states, and processes opened up in moving picture processes, and few answers given.

Viewers gain reflective access to the installation via their feelings and emotions, as well as through their own temporal movement and the resulting relations between, for example, proximity and distance. The viewers are in a space that can never be perceived as a simulated illusionary space of a spectacle that absorbs them in utopian or apocalyptic fashion – quite in contrast to many of the electronically generated spaces of the New Media. For this reason, too, *Coloured* cannot be understood solely as a traditional "picture" or as a "technological media installation". Like the basis of a store of ideas, the work is part of a conceptu-

deshalb ist *Coloured* nicht allein als ein traditionelles „Bild" oder eine „technologische Medieninstallation" zu verstehen. Die Arbeit ist wie die Basis eines Ideenfundus Teil eines konzeptuellen Projekts der Künstlerin, das konfrontieren und herausfordern will. Es ist der erneute Versuch der Medienkünstlerin Ingrid Mwangi, die Differenz weiblicher Körperlichkeit (Dunkelhäutigkeit) in Raum und Zeit als Phänomen zu vertiefen und sie dabei allerdings auch begrifflich zu fassen – als ein inszeniertes und soziales In-der-Welt-Sein.

1   Dieter Rot, in: Rhodos School of Design, artist's proof, 1966; ders., Der Fluss des Denkens hat die Form der Haut; ders., Das Denken des Philosophen will im Kreis fließen; ders., Rots Denken fließt um die in seine Haut eingegangenen Dinge herum. Diese Notiz befindet sich im Fluxusarchiv von Emmett Williams, Berlin.
2   Gespräch der Autorin mit Ingrid Mwangi am 18. 09. 2002.
3   Michel Foucault, Il faut défendre la société. Cours au Collège de France, 1976; vgl. Bernhard H. F. Taureck, Michel Foucault, Hamburg 1997, S. 106 ff.
4   Vgl. Bernd Stiegler (Suhrkamp Verlag, Frankfurt / Main), Michel Foucault und die Photographie. Manuskript der Tagung „Michel Foucault und die Künste", ZKM, Karlsruhe 2002.
5   Vgl. Marion Strunk, Als ob's wirklich weltweit wirksam wär'. Strategien der Subjektkreationen in den Arbeiten von Janine Antoni, Matthew Barney, Eva & Adele, Zoe Leonhard, Alba d'Urbano, Comme des Garçons, Eva Wohlgemuth u. a., Vortrag 24. 09. 2002, Karl Ernst Osthaus-Museum Hagen, unveröffentlichtes Manuskript, mit freundlicher Genehmigung der Autorin (Kontakt: strunk@dplanet.ch).
6   Ihr Ehemann, der Dramatiker Arthur Miller, bemerkte 2002 nach Inge Moraths Tod: „So bin ich verblüfft über die Anzahl der Bilder, die Frauen abbilden … Gleichzeitig war ihr natürlich bewusst, dass sogar unter ihren Kollegen eine Frau, wenn auch unausgesprochen, zweite Wahl war … Sie nahm diese Herablassung übel …", in: Arthur Miller, Inges New York, Wien 2002, S. 7 – 9.
7   Gespräche der Autorin mit Ingrid Mwangi am 16. und 18. 09., 04. und 11. 10. 2002.
8   Ingrid Mwangi, in: Your Own Soul, Skript Stadtgalerie Saarbrücken 2002.
9   Gespräch der Autorin mit Ingrid Mwangi am 04. 10. 2002.
10 Ingrid Mwangi, in: Your Own Soul, Skript Stadtgalerie Saarbrücken 2002.

65

al project of the artist's, one that wants to confront and challenge. It is the renewed attempt by the media artist Ingrid Mwangi to deepen the difference of female corporeality (dark-skinnedness) in space and time as a phenomenon, but thereby also grasping it conceptually – as a staged and social being-in-the-world.

1   Dieter Rot, in Rhodos School of Design, artist's proof, 1966; idem, Der Fluss des Denkens hat die Form der Haut; idem, Das Denken des Philosophen will im Kreis fließen; idem, Rots Denken fließt um die in seine Haut eingegangenen Dinge herum. This notice is found in the Fluxus archive of Emmett Williams in Berlin.
2   Noted in conversation between the author and Ingrid Mwangi on Sept. 18, 2002.
3   Michel Foucault, Il faut défendre la société. Cours au Collège de France, 1976. Cf. Bernhard H. F. Taureck, Michel Foucault, Hamburg, 1997, p. 106 ff.
4   Cf. Bernd Stiegler (Suhrkamp Verlag, Frankfurt / Main), Michel Foucault und die Photographie. Manuscript from the conference "Michel Foucault und die Künste", ZKM, Karlsruhe, 2002.
5   Cf. Marion Strunk, Als ob's wirklich weltweit wirksam wär'. Strategien der Subjektkreationen in den Arbeiten von Janine Antoni, Matthew Barney, Eva & Adele, Zoe Leonhard, Alba d'Urbano, Comme des Garçons, Eva Wohlgemuth u. a., lecture, Sept. 24, 2002, Karl Ernst Osthaus-Museum Hagen, unpublished manuscript, with the generous permission of the author (contact: strunk@dplanet.ch).
6   Her husband, the playwriter Arthur Miller, remarked in 2002 after Inge Morath's death: "I am caught offguard, for example, by the number of pictures which feature women … At the same time she was perfectly aware that even among her fellow-photographer colleagues a woman had a certain unacknowledged second-class, almost retarded position … Inge resented it as a kind of condescension …", in Arthur Miller, Inge's New York, Vienna, 2002, p. 13.
7   Conversation between the author and Ingrid Mwangi on Sept. 16, 18, and Oct. 4, 2002.
8   Ingrid Mwangi, in Your Own Soul, script Stadtgalerie Saarbrücken, 2002.
9   Conversation between the author and Ingrid Mwangi on Oct. 4, 2002.
10 Ingrid Mwangi, in Your Own Soul, script Stadtgalerie Saarbrücken, 2002.

1975 geboren in Nairobi, Kenia
1990 Umzug nach Deutschland
1994–96 Grafik-Design-Studium an der Hochschule
der Bildenden Künste Saar, Saarbrücken (HBKsaar)
1996 Wechsel zum Studiengang Neue künstlerische
Medien, Professor Ulrike Rosenbach, HBKsaar
seit 2001 Lehrauftrag an der Akademie für Bildende
Künste der Johannes Gutenberg-Universität Mainz
lebt in Ludwigshafen am Rhein, Deutschland

Biografie // Biography

1975 born in Nairobi, Kenya
1990 moved to Germany
1994–96 studied Graphic Design at the Hochschule
der Bildenden Künste Saar, Saarbrücken (HBKsaar)
1996 changed major to New Artistic Media with
Professor Ulrike Rosenbach, HBKsaar
since 2001 instructor at the Akademie für Bildende
Künste der Johannes Gutenberg-Universität Mainz
lives in Ludwigshafen am Rhein, Germany

1998–2002 Stipendium der Studienstiftung des
Deutschen Volkes
1999 1. Preis des 10. SaarLorLux Film- und Video-
festivals, Saarbrücken für *Do Not Disturb* und *Breathe Out*
1. Preis Videoclip-Wettbewerb des Offenen Kanals
Saarland für *Neger – 99 secs.*
2000 1. Preis des 9. Marler Video-Kunst-Preises
für *Neger*
1. Preis des 11. SaarLorLux Film- und Videofestivals,
Saarbrücken für *Wild Life*
2002 Studienaufenthalt und Stipendium Atelier Rheinland-Pfalz, Cité Internationale des Arts, Paris, Frankreich

Preise / Stipendien / Auszeichnungen
Prizes / Stipends / Awards

1998–2002 stipend from the Studienstiftung des
Deutschen Volkes
1999 1st Prize at the 10. SaarLorLux Film- und Videofestival, Saarbrücken for *Do Not Disturb* and *Breathe Out*
1st Prize in the video clip competition of the Offener Kanal
Saarland for *Neger – 99 secs.*
2000 1st Prize at the 9. Marler Video-Kunst-Preis
for *Neger*
1st Prize at the 11. SaarLorLux Film- und Videofestival,
Saarbrücken for *Wild Life*
2002 study residence and stipend at Atelier Rheinland-
Pfalz, Cité Internationale des Arts, Paris, France

Einzelausstellungen

2001 My Heart of Darkness, Skulpturenmuseum
Glaskasten, Marl

2002 To Be in the World, Galerie Anita Beckers,
Frankfurt / Main; African Heritage, Galerie Anita Beckers,
Frankfurt / Main; Your Own Soul, Stadtgalerie Saarbrücken

2003 Static Drifting, Galleria Placentia Arte, Piacenza,
Italien; Video Installation – Ingrid Mwangi, Museum for
African Art, New York, USA; Your Own Soul, Städtische
Galerie Erlangen

Ausstellungsbeteiligungen, Performances

1998 Mannheimer Performance Tage, Alte Feuerwache,
Mannheim; Medien-Zeit, Kulturdepot Ludwigshafen

1999 3. Festival junger experimenteller Kunst, Aktions-
galerie, Berlin; Große Kunstausstellung, Haus der Kunst,
München

2000 Mediasplit, Deutsche Bank Saar, Saarbrücken;
Letzte Nacht – Erste Nacht, Galerie der Künstler, München;
9. Marler Video-Kunst-Preis, Skulpturenmuseum Glaskasten, Marl; Blickwechsel – Afrikanische Videokunst,
ifa-Galerie, Bonn / Stuttgart; Expo 2000, Deutscher
Pavillon, Hannover

2001 Africa Alive Festival, Alte Nikolaikirche, Frankfurt /
Main; Blickwechsel – Afrikanische Videokunst, ifa-Galerie,
Berlin; Performance Passing Through, Begleitprogramm
zur Ausstellung Joan Jonas, Stuttgart; Architecture by
Ola-Dele Kuku, Video by Ingrid Mwangi, Film by Antonio
Ole, Camouflage art. culture. politics, Brüssel, Belgien;
Tirana Biennale, Albanien; SchwarzWeiss, MARTa Herford

Verzeichnis der Ausstellungen // List of Exhibitions   67

Solo Exhibitions

2001 My Heart of Darkness, Skulpturenmuseum
Glaskasten, Marl

2002 To Be in the World, Galerie Anita Beckers,
Frankfurt / Main; African Heritage, Galerie Anita Beckers,
Frankfurt / Main; Your Own Soul, Stadtgalerie Saarbrücken

2003 Static Drifting, Galleria Placentia Arte, Piacenza,
Italy; Video Installation – Ingrid Mwangi, Museum for
African Art, New York, USA; Your Own Soul, Städtische
Galerie Erlangen

Group Exhibitions, Performances

1998 Mannheimer Performance Tage, Alte Feuerwache,
Mannheim; Medien-Zeit, Kulturdepot Ludwigshafen

1999 3. Festival junger experimenteller Kunst, Aktions-
galerie, Berlin; Große Kunstausstellung, Haus der Kunst,
Munich

2000 Mediasplit, Deutsche Bank Saar, Saarbrücken;
Letzte Nacht – Erste Nacht, Galerie der Künstler, Munich;
9. Marler Video-Kunst-Preis, Skulpturenmuseum Glaskasten, Marl; Blickwechsel – Afrikanische Videokunst,
ifa-Galerie, Bonn / Stuttgart; Expo 2000, German Pavilion,
Hanover

2001 Africa Alive Festival, Alte Nikolaikirche, Frankfurt /
Main; Blickwechsel – Afrikanische Videokunst, ifa-Galerie,
Berlin; Performance Passing Through, accompanying
program for the exhibition Joan Jonas, Stuttgart;
Architecture by Ola-Dele Kuku, Video by Ingrid Mwangi,
Film by Antonio Ole, Camouflage art. culture. politics,
Brussels, Belgium; Tirana Biennale, Albany;
SchwarzWeiss, MARTa Herford

2002 Draußen, Drinnen und Dazwischen – Das Fremde als Projektion des Selbst, Edith-Ruß-Haus für Medienkunst, Oldenburg; SchwarzWeiss, Mücsarnoc Kunsthalle, Budapest, Ungarn; Bienal de São Paulo, Brasilien; (un)sichtbar, Kunst- und Medienzentrum Adlershof, Berlin; Video Folkwang V, Museum Folkwang, Essen; Goddess, Galerie Lelong, New York, USA; Video Caravan, Dordrecht City, Niederlande; Stadtraum – Privatraum, Hauptbahnhof Mannheim; Soundfestival Oorsmeer, Concertgebouw Brügge und Kulturzentrum Berchem, Antwerpen, Belgien; Tel Aviv Biennale, Israel
2003 Transferts, Palais des Beaux-Arts, Brüssel, Belgien; A Fiction of Authenticity: Contemporary Africa Abroad, St. Louis, Missouri, USA; Looking Both Ways: Art of the Contemporary African Diaspora, Museum for African Art, New York, USA; Sexualität und Tod: Aids in der zeitgenössischen afrikanischen Kunst, Rautenstrauch-Joest-Museum, Museum für Völkerkunde, Köln

Video-Festivals
1997/1999/2000 European Media Art Festival, Osnabrück
1998 XIXth Video Art Festival, Locarno, Schweiz
1998/1999/2000 SaarLorLux Film- und Videofestival, Saarbrücken
1999/2000 Heidelberger Film- + Videotage
1999 Werkstatt für junge Filmer '99, Wiesbaden; 23. Openair Filmfest Weiterstadt; Tèlè[o] Festival, Nantes, Frankreich; Up and Coming, Internationaler Nachwuchswettbewerb für Film, Video, Multimedia, Hannover; 13ièmes Rencontres Vidéo Art Plastique, Basse-Normandie, Frankreich; Film Festival Münster 1999
2000 Transmediale, Berlin; 17. Kasseler Dokumentarfilm- und Videofest; 23. Grenzlandfilmtage Selb; Shortcuts 2000, Rheinland-Pfalz

68

2002 Draußen, Drinnen und Dazwischen – Das Fremde als Projektion des Selbst, Edith-Ruß-Haus für Medienkunst, Oldenburg; SchwarzWeiss, Mücsarnoc Kunsthalle, Budapest, Hungary; Bienal de São Paulo, Brazil; (un)sichtbar, Kunst- und Medienzentrum Adlershof, Berlin; Video Folkwang V, Museum Folkwang, Essen; Goddess, Galerie Lelong, New York, USA; Video Caravan, Dordrecht City, the Netherlands; Stadtraum – Privatraum, Hauptbahnhof Mannheim; Soundfestival Oorsmeer, Concertgebouw Bruges and arts center Berchem, Antwerp, Belgium; Tel Aviv Biennale, Israel
2003 Transferts, Palais des Beaux-Arts, Brussels, Belgium; A Fiction of Authenticity: Contemporary Africa Abroad, St. Louis, Missouri, USA; Looking Both Ways: Art of the Contemporary African Diaspora, Museum for African Art, New York, USA; Sexualität und Tod: Aids in der zeitgenössischen afrikanischen Kunst, Rautenstrauch-Joest-Museum, Museum für Völkerkunde, Cologne

Video-Festivals
1997/1999/2000 European Media Art Festival, Osnabrück
1998 XIXth Video Art Festival, Locarno, Switzerland
1998/1999/2000 SaarLorLux Film- und Videofestival, Saarbrücken
1999/2000 Heidelberger Film- + Videotage
1999 Werkstatt für junge Filmer '99, Wiesbaden; 23. Openair Filmfest Weiterstadt; Tèlè[o] Festival, Nantes, France; Up and Coming, international young artists' competition for film, video, multimedia, Hanover; 13ièmes Rencontres Vidéo Art Plastique, Basse-Normandie, France; Film Festival Munster 1999
2000 Transmediale, Berlin; 17. Kasseler Dokumentarfilm- und Videofest; 23. Grenzlandfilmtage Selb; Shortcuts 2000, Rhineland-Palatinate, Germany

Verzeichnis der Abbildungen // List of Illustrations   69

Horst Gerhard Haberl Geboren 1941 in Graz, Österreich. Ausstellungs- und Projektkurator (u. a. Intendant des Internationalen Avantgardefestivals steirischer herbst, 1989 – 1995), Kulturjournalist, Herausgeber und Autor zahlreicher Publikationen sowie TV-Reportagen (ORF) zu Grenzphänomenen der zeitgenössischen Kunst. Art Consultant. Seit 1992 Professor für Kunstvermittlung und Designtheorie an der Hochschule der Bildenden Künste Saar, Saarbrücken.

Jan Hoet Geboren 1936 in Leuven, Belgien. Studium der Kunstgeschichte und Archäologie. Seit 1975 Direktor des Stedelijk-Museum voor Actuele Kunst, Gent, Belgien. Kurator und Künstlerischer Leiter zahlreicher Ausstellungen und Projekte in Europa sowie in Kanada und Japan, darunter documenta IX, Kassel (1992), Skulpturenweg Nordhorn (1996), Locus / Focus, Sonsbeek, Niederlande (2001). Seit 2001 Direktor des im Aufbau befindlichen Museums MARTa Herford, Deutschland.

Ann Demeester Geboren 1975 in Brügge, Belgien. Kritikerin für die belgischen Zeitungen De Morgen und Financieel Economische Tijd. Assistenzkuratorin bei Jan Hoet (2000); Ausstellungs- und Projektkuratorin am Stedelijk-Museum voor Actuele Kunst, Gent, Belgien (2001), und an dem im Aufbau befindlichen Museum MARTa Herford, Deutschland. Seit Oktober 2002 Direktorin des W139 in Amsterdam, Niederlande.

Autoren // Authors

Horst Gerhard Haberl Born in 1941 in Graz, Austria. Exhibition and Project Curator (including Manager of the Internationales Avantgardefestival steirischer herbst, 1989 – 1995), cultural journalist, editor and author of numerous publications and TV reports (ORF – Austrian state television) on borderline phenomena of contemporary art. Art Consultant. Since 1992, Professor for Art Mediation and Design Theory at the Hochschule der Bildenden Künste Saar, Saarbrücken.

Jan Hoet Born in 1936 in Leuven, Belgium. Studied Art History and Archeology. Since 1975, Director of the Stedelijk-Museum voor Actuele Kunst, Ghent, Belgium. Curator and Artistic Director of numerous exhibitions and projects in Europe, Canada, and Japan, including documenta IX, Kassel (1992), Skulpturenweg Nordhorn (1996), Locus / Focus, Sonsbeek, the Netherlands (2001). Since 2001, Director of the museum MARTa Herford, Germany, which is currently being set up.

Ann Demeester Born in 1975 in Bruges, Belgium. Critic for the Belgian newspapers De Morgen and Financieel Economische Tijd. Assistant Curator under Jan Hoet (2000); Exhibition and Project Curator at Stedelijk-Museum voor Actuele Kunst, Ghent, Belgium (2001) and at the museum MARTa Herford, Germany, which is currently being set up. Since October 2002, Director of the W139 in Amsterdam, the Netherlands.

Gislind Nabakowski Dr. phil., Kunsthistorikerin und Medientheoretikerin, Schwerpunkt in Genderthemen, 1971–1977 Chefredakteurin von heute Kunst, Redakteurin von flash art. Erfindet 1973 mit Giancarlo Politi das Art Diary International. Publikationen in Deutschland, Schweiz, Österreich, Frankreich, Italien, Spanien, Schweden und Kanada. Sie schreibt in: Frankfurter Allgemeine Zeitung, Zürcher Tagesanzeiger, du – die Zeitschrift der Kultur, Springerin, Eikon und Kritische Berichte. Sie ist Deutschlandkorrespondentin von Art Press, Paris, und unterrichtet an der HfG (Hochschule für Gestaltung) in Karlsruhe.

Bernd Schulz Geboren 1941. Arbeitete nach naturwissenschaftlichem Studium in Freiburg / Br. als Kultur- und Wissenschaftsjournalist (u. a. Leitung des Ressorts Kultur und Wissenschaft beim Saarländischen Rundfunk); seit 1984 Aufbau und Leitung der Stadtgalerie Saarbrücken, Honorarprofessor für Kunst und Wissenschaft an der Hochschule der Bildenden Künste Saar, Saarbrücken.

Gislind Nabakowski Dr. phil., art historian and media theoretician, specialized in gender topics, 1971–1977 editor-in-chief of heute Kunst, editor for flash art. In 1973, invented the Art Diary International with Giancarlo Politi. Publications in Germany, Switzerland, Austria, France, Italy, Spain, Sweden, and Canada. She writes in: the Frankfurter Allgemeine Zeitung, the Zürcher Tagesanzeiger, du – die Zeitschrift der Kultur, Springerin, Eikon, and Kritische Berichte. She is the German correspondent for Art Press, Paris, and instructs at the HfG (Hochschule für Gestaltung) in Karlsruhe.

Bernd Schulz Born in 1941. After studying natural sciences in Freiburg / Br. he worked as a journalist in the fields of culture and science (Manager of the Department for Culture and Science at Radio Saarland). Since 1984, he has built up and headed the Stadtgalerie Saarbrücken. He is a Honorary Professor of Art and Science at the Hochschule der Bildenden Künste Saar, Saarbrücken.

Ausstellung innerhalb der Reihe „Statement"
der Stadtgalerie Saarbrücken in Kooperation
mit der Hochschule der Bildenden Künste Saar
Stadtgalerie Saarbrücken, 13. 12. 2002 – 09. 02. 2003
und Städtische Galerie Erlangen, 31. 05. – 06. 07. 2003

© 2003 Stadtgalerie Saarbrücken
in der Stiftung Saarländischer Kulturbesitz
Direktor: Ernest W. Uthemann
Katalog und Ausstellung: Robert Hutter, Ingrid Mwangi,
Berthold Schmitt, Bernd Schulz
Redaktion: Berthold Schmitt, Ernest W. Uthemann
Ausstellungssekretariat: Astrid Reuter, Lydia Tebroke-Klammt
Ausstellungsaufbau: Robert Hutter, Ingrid Mwangi,
Willi Wagner, Werner Werle
Fotos: Seiten 11–12 (großes Bild), 16–17 (großes Bild),
24–25 Tom Gundelwein; Seiten 8, 9, 10 (kleines Bild), 12, 13,
14, 17 (kleine Bilder), 18, 19, 20, 21, 22, 23, 26, 27, 28, 29,
30, 31 Robert Hutter und Ingrid Mwangi; Seite 56: Inge Morath,
Helena Rubinstein Beauty Class, New York, 1958 /
The Inge Morath Estate, New York

Texte: Ann Demeester, Horst Gerhard Haberl, Jan Hoet, Ingrid
Mwangi, Gislind Nabakowski, Lisa Puyplat, Bernd Schulz
Übersetzungen: Mitch Cohen, Judith Rosenthal
Kataloggestaltung: Kehrer Design Heidelberg (Iga Bielejec)
Verlagslektorat: Katrin Zuschlag
Editorische Anmerkung: Der Text von Jan Hoet und Ann
Demeester wurde aus dem Englischen ins Deutsche über-
tragen, die Texte von Bernd Schulz und Lisa Puyplat, von Horst
Gerhard Haberl sowie von Gislind Nabakowski wurden aus
dem Deutschen ins Englische übertragen.

Bibliografische Information Der Deutschen Bibliothek
Die Deutsche Bibliothek verzeichnet diese Publikation in der
Deutschen Nationalbibliografie; detaillierte bibliografische
Daten sind im Internet über http://dnb.ddb.de abrufbar.
ISBN 3-933 257-29-8 / Buchhandelsausgabe
ISBN 3-932 183-31-2 / Ausstellungsausgabe

Impressum // Imprint

Exhibition within the series "Statement"
of the Stadtgalerie Saarbrücken in cooperation
with the Hochschule der Bildenden Künste Saar
Stadtgalerie Saarbrücken, 13. 12. 2002 – 09. 02. 2003
and Städtische Galerie Erlangen, 31. 05. – 06. 07. 2003

© 2003 Stadtgalerie Saarbrücken
in the Stiftung Saarländischer Kulturbesitz
Director: Ernest W. Uthemann
Catalog and Exhibition: Robert Hutter, Ingrid Mwangi,
Berthold Schmitt, Bernd Schulz
Copy Editing: Berthold Schmitt, Ernest W. Uthemann
Exhibition Office: Astrid Reuter, Lydia Tebroke-Klammt
Exhibition Construction: Robert Hutter, Ingrid Mwangi,
Willi Wagner, Werner Werle
Photos: pages 11–12 (large photo), 16–17 (large photo),
24–25 Tom Gundelwein; pages 8, 9, 10 (small photo), 12, 13,
14, 17 (small photos), 18, 19, 20, 21, 22, 23, 26, 27, 28, 29,
30, 31 Robert Hutter and Ingrid Mwangi; page 56: Inge Morath,
Helena Rubinstein Beauty Class, New York, 1958 /
The Inge Morath Estate, New York

Texts: Ann Demeester, Horst Gerhard Haberl, Jan Hoet, Ingrid
Mwangi, Gislind Nabakowski, Lisa Puyplat, Bernd Schulz
Translations: Mitch Cohen, Judith Rosenthal
Catalog Design: Kehrer Design Heidelberg (Iga Bielejec)
Proofreading: Katrin Zuschlag
Editorial Remark: The text written by Jan Hoet and Ann
Demeester has been translated from English into German, the
texts written by Bernd Schulz and Lisa Puyplat, Horst Gerhard
Haberl, and Gislind Nabakowski have been translated from
German into English.

Bibliographic information published by Die Deutsche Bibliothek
Die Deutsche Bibliothek lists this publication in the Deutsche
Nationalbibliografie; detailed bibliographic data is available in
the Internet at http://dnb.ddb.de.
ISBN 3-933 257-29-8 / Trade version
ISBN 3-932 183-31-2 / Exhibition version